LE MUSÉE IMAGINAIRE DE
BALZAC

Remerciements à
François Brulé, Candice Brunerie, Marie-Paul Cathala, Ambroisine Dumez, Alban Duparc, Gauthier Gillmann, Cyril Goury-Laffont, Guillaume Housse, Caroline Larroche, Évelyne Maggiore, Catherine Pimbert, Véronique Prest.

LE MUSÉE IMAGINAIRE DE
BALZAC

Les 100 chefs-d'œuvre au cœur
de *La Comédie humaine*

Yves Gagneux

Préface par Gonzague Saint Bris

Beaux Arts
éditions

« Une sorte de seconde vue »

Par Gonzague Saint Bris[*]

Balzac est un œil, un œil affamé d'images et *La Comédie humaine* est son grand festin. Un œil souverain qui se repaît de la vie au point qu'il parle de «gastronomie de l'œil». Ce regard, Théophile Gautier n'a pu l'oublier: «Quant aux yeux, il n'en exista jamais de pareils. Ils avaient une vie, une lumière, un magnétisme inconcevables. Malgré les veilles de chaque nuit, la sclérotique en était pure, limpide, bleuâtre, comme celle d'un enfant ou d'une vierge, et enchâssait deux diamants noirs qu'éclairaient par instants de riches reflets d'or: c'étaient des yeux à faire baisser la prunelle aux aigles, à lire à travers les murs et les poitrines, à foudroyer une bête fauve furieuse, des yeux de souverain, de voyant, de dompteur.»

Balzac est fasciné par la peinture. Toute son œuvre est hantée par des personnages issus du monde pictural. Il met en scène dans ses premiers romans les peintres qui l'obsèdent comme Raphaël, mais aussi les miniaturistes, les illustrateurs, les collectionneurs et les caricaturistes tel Daumier dont le cousinage étroit avec *La Comédie humaine* est flagrant. Il passe de la Renaissance au Romantisme où il salue Guérin et Girodet avec bonheur et dédie avec volupté à Eugène Delacroix son roman *La Fille aux yeux d'or*. Il invente carrément des destinées de peintres: celles de Frenhofer ou de Joseph Brideau qui vont entrer dans l'immortalité de l'art pictural. Il consacre au mystère de sa passion un livre grandiose, *Le Chef-d'œuvre inconnu,* qui bouleversera la vision intérieure des créateurs, allant jusqu'à toucher les plus grands artistes du siècle dernier, influençant Cézanne et intriguant Picasso.

Balzac est un artiste. Dans son *Traité de la vie élégante* il écrit: «L'artiste est une exception, son oisiveté est un travail et son travail est un repos.» Balzac est un artiste pluridisciplinaire. Les mots qu'il compose sur la musique sont eux-mêmes symphoniques et il est aussi un artiste virtuel: parfois, et même souvent, sa plume est un pinceau. N'écrit-il pas dans *Le Lys dans la vallée* comme si sa main tenait la palette: «Souvent mes yeux furent attirés à l'horizon par la belle lame d'or de la Loire où, parmi les roulées, les voiles dessinaient de fantasques figures qui fuyaient emportées par le vent.»?

Balzac est à la fois un visionnaire et un voyant. D'abord réticent devant l'invention de la photographie qu'il considère comme un «piège à images», il est bientôt, comme le rappelle Nadar, fasciné par l'invention de Daguerre. Deux lettres disent la passion de Balzac pour l'image.

La première est celle qu'il adresse à sa sœur Laure en 1822 au sujet de ce décor peint qu'était le diorama : « C'est la merveille du siècle, une conquête de l'homme à laquelle je ne m'attendais nullement. Ce polisson de Daguerre a fait une libertine d'invention qui va lui donner une partie de l'argent de ces lurons de Parisiens. » La seconde est destinée à Éveline Hanska le 2 mai 1842 : « Si vous voulez avoir le portrait de votre serviteur au daguerréotype, vous n'avez qu'à dire un mot, vous le recevrez dans une lettre à Pétersbourg. Je reviens de chez le daguerréotypeur, et je suis ébaubi de la performance avec laquelle agit la lumière. Vous souvenez-vous qu'en 1835, cinq ans avant cette invention, je publiais à la fin de *Louis Lambert,* dans ses dernières pensées, les phrases qui la contiennent ? Geoffroy Saint-Hilaire l'avait aussi pressentie. Ce qui est admirable, c'est la vérité, la précision ! » Puis le 15 mai : « Je suis allé hier me faire daguerréotyper encore, il faisait très beau, j'ai pensé qu'en été, à Saint-Pétersbourg, on doit user du daguerréotype. »

Enfin, le vrai secret, c'est que de toute façon, depuis toujours, Balzac « photographie » mentalement les êtres qu'il croise comme les personnages auxquels il donne vie dans ses livres en les décrivant. N'écrit-il pas dans *Le Cousin Pons* : « Le génie est tellement visible en l'homme, qu'en se promenant à Paris, les gens les plus ignorants devinent un grand artiste quand il passe. C'est comme un soleil moral dont les rayons colorent tout à son passage. » ? Nous sommes nous-mêmes heureux de pouvoir disposer du daguerréotype de Balzac pris par Louis-Auguste Bisson en 1842 pour y retrouver dans ses yeux la fulgurance de la création et dans ses traits le bouillonnement du génie. Reportons-nous à cette page en noir et blanc où il fait dire à Louis Lambert : « Toutes les choses qui tombent par la forme dans le domaine du sens unique, la faculté de voir, se réduisent à quelques corps élémentaires dont les principes sont dans l'air, dans la lumière ou dans les principes de l'air et de la lumière. [...] ainsi, les quatre expressions de la matière par rapport à l'homme, le son, la couleur, le parfum et la forme, ont une même origine, car le jour n'est pas loin où l'on reconnaîtra la filiation des principes de la lumière dans ceux de l'air. »

Rendons grâce au conservateur en chef Yves Gagneux, qui dirige avec talent depuis 1999 la Maison de Balzac, rue Raynouard à Paris, pour la superbe architecture de son *Musée imaginaire de Balzac.* Il nous délivre de page en page l'amour de la vie en peinture. Il dévoile la manière dont les tableaux s'insèrent dans la galerie des mots du grand écrivain, ce Balzac qui, lui aussi, pensait que la peinture de Nicolas Poussin était codée. Il nous met en état – de chef-d'œuvre en chef-d'œuvre, et de toiles en pages – d'approcher le grand secret du Seigneur des images. Balzac fait la différence entre le perçu et l'imaginé, il conçoit sa propre création : la fixation par les mots des impressions visuelles.

Balzac, dans son atelier alchimique, révèle au monde, entre l'or des images et l'encre de la nuit, son grand secret. Ainsi son interminable chef-d'œuvre est-il issu de ce travail magistral qu'il appelle lui-même « une sorte de seconde vue ».

*Président de la Société Honoré de Balzac de Touraine, auteur de la biographie *Balzac. Une vie de roman*, éd. Télémaque.

Balzac et la peinture

La Comédie humaine a souvent été comparée à une immense fresque, décrivant la société dans tous ses détails, mais elle ne contient rien de semblable au «petit pan de mur jaune» de la *Vue de Delft* de Vermeer évoqué par Marcel Proust, ce détail génial qui révèle soudainement à l'écrivain Bergotte la vanité de son travail. Bien plus, le lecteur de Balzac se trouve confronté à une vision paradoxale de l'art : la peinture la plus célèbre de tous ses romans est un chef-d'œuvre inconnu. Curieuses fondations pour construire le musée imaginaire de l'écrivain.

Le Chef-d'œuvre inconnu est en effet l'ouvrage de Balzac le plus abouti sur la création picturale, celui en tout cas qui a suscité le plus de commentaires et les plus variés, à commencer par la suite de saisissantes gravures de Pablo Picasso [ill. p. 11]. Avant tout, l'échec de Frenhofer a été interprété, notamment par Émile Zola qui en a repris le thème dans son roman *L'Œuvre*, comme l'incapacité de l'artiste à achever son tableau, comme une forme de stérilité. Mais on y a aussi vu une métaphore de l'incompréhension du spectateur, les «couleurs confusément amassées et contenues par une multitude de lignes bizarres qui forment une muraille de peinture» étant interprétées comme une description visionnaire d'une toile abstraite. Par la suite, nombreux ont été les critiques à la recherche de ce que pouvait être cette œuvre, qui ont cru la retrouver dans certains travaux de peintres contemporains, de Simon Hantaï à Eugène Leroy.

Mais d'autres romans de Balzac ont stimulé les artistes depuis la fin du XIXe siècle : Pierre Alechinsky s'est confronté au *Traité des excitants modernes* ; à la fin de sa vie, Louise Bourgeois s'identifie à Eugénie Grandet... Cette capacité de l'écrivain à susciter la création artistique – qui fait partie intégrante de la postérité de Balzac – et des réactions aussi fortes, ne peut que venir d'un rapport intime avec l'art, d'une compréhension du talent et de l'inspiration, particulièrement juste, et qu'il convient d'explorer.

Balzac s'est lui-même interrogé sur la réception de l'art : «Sur cent personnes il serait difficile d'en compter quatre qui se soient laissées aller au charme d'un trio, d'une cavatine, ou qui aient trouvé, dans la musique,

des fragments épars de leur histoire, des pensées d'amour, de frais souvenirs de jeunesse, de suaves poésies. Enfin, presque tous ceux qui entrent au musée y vont passer une revue, et c'est chose rare que de rencontrer un homme abîmé dans la contemplation d'une œuvre d'art.» En déplorant l'insensibilité de la plupart de ses contemporains, Balzac se présente comme un esthète susceptible d'éprouver des sensations aiguës, aussi bien grâce à la musique qu'aux chefs-d'œuvre des musées.

De fait, l'art occupe une place de premier ordre dans *La Comédie humaine*, la peinture forme le sujet de deux romans, *Pierre Grassou* et *Le Chef-d'œuvre inconnu*; *Le Cousin Pons* est l'histoire d'un collectionneur, la musique est au centre de *Gambara* et de *Massimilla Doni*. Balzac a créé des figures marquantes d'artistes, qu'ils soient peintres, sculpteurs ou poètes, et Frenhofer, Camille Maupin, Daniel d'Arthez, traversent *La Comédie humaine* tels des météores, laissant au lecteur des impressions inoubliables. Ils y retrouvent aussi des artistes réels, comme Raphaël, mentionné plus d'une centaine de fois, voisinant avec un grand nombre de peintres célèbres, de Giotto à Delacroix.

L'art est non seulement omniprésent mais il prend des formes extraordinairement variées : selon sa méthode, l'écrivain explique un sentiment ou une situation par une référence à une peinture, il donne une ambiance, définit un personnage ; des œuvres d'art ou des reproductions apparaissent dans les intérieurs... Balzac analyse avec précision dans ses romans le phénomène social qu'est devenu l'art au début du XIXe siècle. Son intérêt apparaît aussi dans sa correspondance quand il raconte ses visites dans les musées ou les expositions, décrit des œuvres achetées pour sa propre collection, s'émerveille de restaurations réussies, évoque ses rencontres avec des artistes ou des critiques d'art.

Mais l'originalité de ces allusions nombreuses et variées tient surtout à la réflexion extrêmement profonde sur la création artistique dont elles procèdent. La compréhension de cette pensée donne un éclairage fascinant, indispensable au visiteur du surprenant musée imaginaire de Balzac.

Ami des critiques d'art et familier du Salon

Et pourtant, rien ne prédisposait Honoré de Balzac à accorder à l'art une telle importance, lui qui descendait de paysans du Tarn et de drapiers parisiens, des milieux traditionnellement peu tournés vers les beaux-arts. Malgré l'ascension sociale fulgurante de son père qui se prétendit noble en ajoutant une particule à son nom, l'écrivain n'a pas bénéficié de l'éducation artistique alors donnée dans les familles de la bonne société, il n'a jamais appris à dessiner et ne semble pas avoir été confronté à l'art durant sa jeunesse. Et l'éducation très générale reçue au collège ou au lycée ne pouvait suffire à lui donner une solide culture esthétique.

Son initiation s'est opérée tardivement et répond à un désir personnel. Le début du XIXᵉ siècle n'est d'ailleurs pas propice à un tel apprentissage. Les coûteux ouvrages illustrés consacrés à un artiste ou à une collection restent très rares, et les guides ou récits de voyage encensent toujours Raphaël ou Michel-Ange mais citent à peine leurs œuvres et les décrivent encore moins. La photographie en est à ses débuts : le daguerréotype, qui développe l'invention de Nicéphore Niépce, est présenté à l'Académie des sciences en 1839 mais ce n'est que dans la seconde moitié du siècle que commence la diffusion commerciale des images. Si les revues publient souvent des gravures, celles-ci reproduisent des monuments ou des tableaux présentés au Salon, et beaucoup plus rarement les œuvres conservées dans les églises ou les musées. Aussi la connaissance de l'art ne peut-elle s'acquérir que par contact direct.

Balzac, alors trop jeune, n'aura pas vu l'exceptionnelle exposition au Louvre des œuvres saisies par les armées françaises dans toute l'Europe sous la Révolution puis durant l'Empire, et pour la plupart restituées en 1815. Il aura donc sans doute appris à regarder la peinture dans les musées et les collections privées parisiennes.

Il a aussi eu le privilège de côtoyer des critiques d'art, en particulier son ami Théophile Gautier, lui-même ancien élève de Louis-Édouard Rioult, peintre romantique formé par David et Regnault. Il est familier du salon du baron François Gérard, l'un des plus célèbres portraitistes de son temps, et connaît Eugène Delacroix dont il admire l'œuvre – de son côté, Delacroix apprécie moins l'écrivain qu'il trouve vulgaire : « Habit bleu avec, je crois, gilet de soie noire, enfin quelque chose de discordant dans la toilette. »[1] En 1836, Louis Boulanger (rendu célèbre par son *Supplice de Mazeppa* exposé au Salon en 1827) peint son portrait et, quelques années plus tard, Balzac pose devant David d'Angers, l'un des plus célèbres sculpteurs de l'époque, autant d'occasions pour lui de discuter de la création artistique.

Son expérience d'imprimeur a également permis à Balzac de rencontrer dès 1825 de nombreux graveurs et dessinateurs : il fait notamment appel à Achille Devéria et Henry Monnier. Éditeur, il s'adresse à Tony Johannot ; journaliste, il contribue à lancer Gavarni, Grandville et Bertall, et soutient Nicolas-Toussaint Charlet.

Mais le genre le plus apprécié de l'art contemporain est alors sans conteste la peinture, et sa manifestation la plus éclatante le Salon, cette présentation annuelle au Louvre des artistes agréés par l'Académie des beaux-arts, où Honoré de Balzac s'est plusieurs fois rendu.

À la découverte de l'Europe et de ses collections d'art

Contrairement à la plupart de ses contemporains, Balzac a eu la possibilité de contempler les œuvres de nombreuses villes européennes. À partir de 1836, à une époque où les gens voyagent peu, il sillonne en effet une bonne partie de l'Europe, ce qui lui permet de découvrir rapidement que les gravures propagent une vision très éloignée de la réalité : « [...] je n'ai pas reçu de Venise l'impression que j'en attendais [...] la faute en est à des misérables gravures anglaises qui foisonnent dans les *keepsakes*, à ces tableaux de la légion des exécrables peintres de genre, lesquels m'ont si souvent montré le Palais ducal, la Piazza, la Piazzetta, sous tant de jours vrais ou faux, avec tant de postures, sous tant d'aspects débauchés, avec tant de licencieuses fantaisies de lumière que je n'avais plus rien à prêter au vrai et que mon imagination était comme une coquette qui a tant fatigué l'amour sous toutes ses formes intellectuelles que, quand elle arrive à l'amour véritable, à celui qui s'adresse à la tête, au cœur et aux sens, elle n'est saisie nulle part par ce saint amour. »

Les itinéraires de Balzac sont mal connus. On sait toutefois qu'il s'est livré à quelques excursions motivées par la seule curiosité artistique, par exemple pour contempler les fresques de Bernardino Luini à Saronno. Il évoque en 1844 le plaisir pris à découvrir la galerie de peintures de Dresde où il retourne l'année suivante. Des voyages à Turin, Bologne, Florence, Naples, Pise, Gênes ainsi que la découverte de Rome en 1846, lui permettent de connaître d'autant mieux l'art italien que sa réputation d'écrivain lui donne accès à de nombreuses collections privées.

Au fil des rééditions, les corrections successives des romans qui composent *La Comédie humaine* (rédigés entre 1829 et 1847) trahissent un intérêt croissant de l'auteur pour la peinture, un approfondissement de

[1] Delacroix, *Journal.*

12

M. SANTI
Vues de l'appartement de Balzac, rue Fortunée
1847 (?)-1851, aquarelles sur papier. En haut: Chambre à coucher du 1er étage, 14 × 22 cm.
En bas : Escalier, 17 × 21 cm. Coll. Bibliothèque Spoelberch de Lovenjoul, Chantilly.

ses connaissances, et une réflexion sur la création artistique qui ne cesse de gagner en profondeur. Elles montrent non seulement les changements personnels de Balzac, mais aussi sa capacité à intégrer l'évolution du goût dans la société parisienne. L'écrivain évoque ainsi en 1832 Ary Scheffer, ce peintre qui jouit au début de la monarchie de Juillet d'une vogue extraordinaire et dont la *Marguerite*, écrit-il, fait courir au Salon les Parisiens émus par cette héroïne de *Faust*, dont le peintre a si bien rendu l'infortune. Mais la sensibilité qui avait fait le succès de cet artiste se démode, aussi cette référence est-elle éliminée dans les éditions ultérieures.

Un homme qui aspire à un environnement luxueux

Très attentif au goût de ses compatriotes, Balzac reste discret sur ses propres préférences. Le dernier domicile parisien du romancier – un hôtel situé rue Fortunée[2] – a été détruit à la fin du XIXe siècle et le mobilier presque entièrement dispersé, mais l'agencement des pièces, la décoration très particulière qu'avait voulue l'écrivain, restent connus grâce à une série d'aquarelles [ill. p. 13]. Ces relevés d'architecture, quelques vestiges et l'inventaire de ses biens, attestent d'un étonnant éclectisme : le musée parisien consacré à Balzac[3] conserve par exemple un coffre médiéval, une petite table de style Henri II, une table de jeu de style Louis XVI et une bibliothèque Restauration, ainsi que des objets de toutes époques et de provenance variée. La même hétérogénéité transparaît dans les peintures lesquelles proviennent, selon l'inventaire, de France, d'Italie, de Hollande, d'Allemagne comme de Pologne, et couvrent une large période chronologique – du XVIe au XIXe siècle – puisqu'on y trouve quelques œuvres d'artistes contemporains.

Ces œuvres (comme le mobilier) trahissent l'aspiration de Balzac à un environnement luxueux et raffiné, désir qui s'explique par la conscience qu'il a de son talent. En effet, l'artiste appartient selon lui à l'aristocratie de la pensée et, à ce titre, doit vivre dignement. De plus, à une époque et en un lieu, Paris, où l'apparence joue un rôle essentiel dans la vie sociale, l'acquisition d'œuvres d'art et plus spécialement d'art ancien distingue le raffinement de l'homme de goût de la vulgarité du nouveau riche. Balzac explique clairement cette opposition dans *La Cousine Bette* : « [...] Crevel, incapable de comprendre les arts, avait voulu, comme tous les bourgeois, dépenser une somme fixe, connue à l'avance. Maintenu par un devis, il fut impossible à Grindot de réaliser son rêve d'architecte. La différence qui distinguait l'hôtel de Josépha de celui de la rue Barbet, était celle qui se trouve entre la personnalité des choses et leur vulgarité. Ce qu'on admirait chez Josépha ne se voyait nulle part ; ce qui reluisait chez Crevel pouvait s'acheter partout. Ces deux luxes sont séparés l'un de l'autre par le fleuve du million. Un miroir

2 L'actuelle rue Balzac, dans le VIIIe arrondissement de Paris.
3 La Maison de Balzac au 47 rue Raynouard, dans le XVIe arrondissement de Paris. Ouverte au public tous les jours sauf le lundi.

unique vaut six mille francs, le miroir inventé par un fabricant qui l'exploite coûte cinq cents francs. Un lustre authentique de Boulle monte en vente publique à trois mille francs ; le même lustre surmoulé pourra être fabriqué pour mille ou douze cent francs ; l'un est en archéologie ce qu'un tableau de Raphaël est en peinture, l'autre en est la copie. Qu'estimez-vous d'une copie de Raphaël ? L'hôtel de Crevel était donc un magnifique spécimen du luxe des sots, comme l'hôtel de Josépha le plus beau modèle d'une habitation d'artiste. »

Balzac n'est pas le seul écrivain à rêver d'une vie princière qui le distingue du vulgaire. Alexandre Dumas aussi se plaît à ridiculiser le luxe des parvenus, lorsqu'il présente les appartements du banquier Danglars dans *Le Comte de Monte-Cristo*, « remarquables par leur lourde somptuosité et leur fastueux mauvais goût ». Et de même que Balzac acquiert un hôtel particulier, Dumas se fait construire le château de Port-Marly en 1844. Quant à Victor Hugo, on connaît son goût pour la décoration, notamment grâce aux aménagements qu'il a lui-même réalisés dans ses années d'exil à Guernesey et qui y sont entièrement conservés – d'autres éléments très spectaculaires sont présentés dans la Maison de Victor Hugo à Paris.

L'attrait de Balzac pour le luxe se manifeste dans un premier temps par l'acquisition de tenues élégantes, de cannes ou de montres commandées aux meilleurs orfèvres. Il prend un abonnement dans la loge dite des « lions » – parce que les dandys s'y retrouvent – au Théâtre des Italiens, achète un *tilbury* et des chevaux. Il rêve ensuite d'une demeure splendidement décorée et ses amis ironisent sur le contraste entre de telles aspirations et ce qu'autorise une situation financière délicate. Le romancier Léon Gozlan, par exemple, évoque ces chimères en décrivant la propriété achetée par Balzac près de Sèvres (et saisie quelques années plus tard par les huissiers) : « Ce qu'il projetait pour les Jardies [sa demeure] était infini. Sur le mur nu de chaque pièce, il avait écrit lui-même, au courant du charbon, les richesses mobilières dont il prétendait la doter. Pendant plusieurs années, j'ai lu ces mots charbonnés sur la surface patiente du stuc :

Ici un revêtement en marbre de Paros ;
Ici un stylobate en bois de cèdre ;
Ici un plafond peint par Eugène Delacroix ;
Ici une tapisserie d'Aubusson ;
Ici une cheminée en marbre cipolin ;
Ici des portes, façon Trianon ;
Ici un parquet-mosaïque formé de tous les bois rares des îles.

Ces merveilles n'ont jamais été qu'à l'état d'inscriptions écrites au charbon. »

S'il n'assimile pas le bon goût au luxe, Balzac est attiré par le mobilier comme par les arts décoratifs, et dans un premier temps, n'achète des œuvres que pour orner son intérieur.

JEAN-BAPTISTE MALLET, *Bacchante dans un paysage*
Seconde moitié du XVIIIᵉ siècle-première moitié du XIXᵉ siècle,
huile sur bois, 24 × 19 cm. Coll. Musée du Louvre, Paris.

Balzac, collectionneur de peintures

À partir de 1843, la stabilisation de ses dettes, le désir d'offrir une demeure princière à celle qu'il espère épouser, mais surtout l'argent envoyé par madame Hanska, sa lointaine amante polonaise, conduisent Balzac à devenir véritablement collectionneur et à s'intéresser particulièrement à la peinture. L'époque s'y prête avec une explosion du marché de l'art due tant à la dispersion des œuvres à la suite de la Révolution, qu'à une mobilité accrue des marchandises. C'est également au début du XIXᵉ siècle que l'histoire de l'art prend son véritable essor et que les principaux musées français s'ouvrent au public. Les voyages qui se multiplient dans les années 1840 offrent à Balzac de nombreuses occasions de procéder à des achats, notamment en Italie.

Que valait réellement sa collection de peintures? Dans sa correspondance,

CHARLES-JOSEPH NATOIRE, *Adam et Ève après leur péché*
1740, huile sur cuivre, 68 × 50 cm.
Coll. The Metropolitan Museum of Art, New York.

son enthousiasme pour ses œuvres ne faiblit pas, comparable à l'optimisme dont il fait preuve pour ses affaires, et le découragement sensible lorsque les combinaisons financières s'effondrent n'a pas d'équivalent avec l'art, les estimations ne cessant au contraire de croître et les attributions de devenir prestigieuses. Les avis sont aujourd'hui partagés. Ramassis de croûtes pour les uns, collection de choix pour d'autres... La qualité des rares œuvres identifiables est très inégale : *Adam et Ève après leur péché* par Natoire [ill. ci-dessus] est de bien meilleure qualité que la *Bacchante dans un paysage* de Jean-Baptiste Mallet [ill. page de gauche], assez quelconque. Les indications d'auteur et même les titres donnés par Balzac dans l'inventaire établi par lui-même en 1847 ou 1848, paraissent bien fantaisistes – ce qui explique la difficulté à identifier aujourd'hui ces œuvres. Que penser d'une « copie de Mieris », d'une « réplique du Dominiquin », de « deux paysages de peintres inconnus, genre de Ruysdael » ? Et comment identifier une « Vue de Hollande attribuée à Paul Rubens » ou un « paysage hollandais attribué à Paul Brill » ? Balzac estime les vingt-six tableaux de sa galerie à 20 000 francs, bien loin du million auquel est évaluée, au bas mot, la collection du cousin Pons. Et il n'indique généralement que la valeur du cadre pour les gouaches ou dessins, ce qui n'est guère flatteur... Croit-il vraiment aux propos dithyrambiques qu'il tient sur ses peintures ?

Le musée du Cousin Pons

Le rêve du « bricabracomane » trouve une expression romanesque dans *Le Cousin Pons*, ouvrage publié en 1847 et qui permet à Balzac de se hisser au niveau des grands collectionneurs à travers le héros principal de son roman. Ses amis ne s'y trompent pas : Théophile Gautier, convié à visiter l'hôtel de la rue Fortunée tout juste aménagé par Balzac, y remarque « une galerie éclairée de haut que nous reconnûmes plus tard dans la collection du cousin Pons. Il y avait sur les étagères toutes sortes de curiosités, des porcelaines de Saxe et de Sèvres, des cornets de céladon craquelé... » Mais ce fin connaisseur d'art qu'est Gautier, très sensible à la qualité du mobilier et des bibelots, n'évoque pas même les peintures de la fameuse galerie, ce qui ne plaide pas en faveur de leur qualité. De même Victor Hugo, pourtant peu enclin à admirer ses pairs, a témoigné de sa surprise devant la richesse du mobilier de la rue Fortunée, mais sans rien dire des tableaux.

Balzac présente le musée de Pons comme l'une des deux plus belles collections privées de Paris, et ne se prive pas d'y placer comme principal chef-d'œuvre son tableau dont il est le plus fier, le *Chevalier de Malte en prière* : « Au premier coup d'œil du maître, il compta tout, et aperçut son musée au complet. Il allait rentrer, lorsque son regard fut attiré par un portrait de Greuze mis à la place du *Chevalier de Malte,* de Sébastien del Piombo. Le soupçon sillonna son intelligence comme un éclair zèbre un ciel orageux. Il regarda la place occupée par ses huit tableaux capitaux, et les trouva remplacés tous. » Les autres pièces maîtresses de Pons sont réalisées par Bartolomeo della Porta, Hobbema, Albert Durer, Jean-Baptiste Greuze (Pons possède donc plusieurs peintures de cet artiste), Claude Lorrain, Pierre Paul Rubens et Anton Van Dyck.

Comme celle de Balzac, la collection du cousin Pons rend compte de la culture artistique en 1846 puisque les primitifs restent ignorés et que l'intérêt pour les artistes de la Restauration est faible. Ce sont les peintres du XVIᵉ au XVIIIᵉ siècles qui font l'objet de la convoitise du collectionneur, de Dürer à Greuze, et la plupart des écoles étrangères sont représentées – l'anglaise et l'espagnole un peu moins que les autres mais Balzac n'a jamais visité ces deux pays.

La différence tient dans le rapport à l'art contemporain, complètement ignoré de Pons qui se montre aussi peu intéressé par la mode dans sa tenue vestimentaire que dans ses goûts artistiques, s'isole de la société et jouit de sa passion en amant jaloux. Balzac, au contraire, prétend associer la délicatesse de l'amateur animé par le sentiment du beau, à la compréhension de son siècle. Il visite le Salon, et affiche autant d'enthousiasme pour Léon Cogniet ou Ernest Meissonnier que pour les peintres italiens des siècles précédents. Cependant, sa collection comporte peu de peintures contemporaines et s'il évoque le « déluge de talents » qui s'expriment au Salon de 1835, il n'achète guère leurs œuvres, il est vrai souvent chères. On peut aussi s'interroger sur les raisons qui l'ont empêché de demander son portrait à Delacroix, alors qu'il le connaissait.

Les rares pièces de la collection de Balzac identifiables ne suffisent pas pour déterminer son goût, qu'on ne retrouve pas davantage chez les héros de *La Comédie humaine*. Ses lettres comportent moins d'ambiguïté, même si Balzac adapte facilement ses propos au destinataire. On y trouve des commentaires sur les peintures vues au Salon, le récit de visites dans les musées, l'appréciation sur une collection privée, des notes de voyages... Quel que soit son correspondant, Balzac s'affiche en défenseur des peintres contemporains et son admiration pour Alexandre-Gabriel Decamps ou Delacroix est certainement sincère – il dédie d'ailleurs à ce dernier *La Fille aux yeux d'or*.

Balzac est donc ouvert à la modernité (un mot qu'il a lui-même créé), il s'efforce d'accueillir favorablement toutes les innovations et cherche à développer sa sensibilité. Mais qu'en est-il réellement de son sens critique? L'écrivain oppose les vrais collectionneurs à ces financiers qui achètent par ostentation ou dans l'espoir d'une plus-value, mais il n'hésite pas lui-même à mettre en rapport le prix et la beauté. Et pour lui, le connaisseur non seulement apprécie les œuvres, mais en connaît aussi le prix et sait réaliser d'excellentes affaires. Pons n'achète jamais rien plus de cent francs ; « la plus belle chose du monde, qui coûtait trois cents francs, n'existait plus pour lui ». Ses difficultés financières récurrentes ne permettent évidemment pas à Balzac pas de rivaliser avec les grands marchands, aussi adopte-t-il par nécessité un système d'achat semblable à celui de Pons. L'écrivain relève soigneusement les estimations financières données par les connaisseurs sur ses acquisitions, avec parfois plus de précision que leur jugement sur la qualité des œuvres. Il est vrai que ces avis permettent à l'écrivain de justifier les dépenses dont s'inquiète madame Hanska, et de lui présenter ses achats comme des placements, dictés par la sagesse. « Vous me croyez fastueux et je suis l'homme le plus économe qui existe. Seulement, il y a des calculs que les imbéciles appellent du faste. Exemple : rue Cassini, j'ai acheté pour 1 500 fr. de tapis en 1833, ils sont encore neufs et très beaux. On a crié au luxe. Ils couvrent sept pièces. Depuis dix ans si j'avais fait frotter mes pièces par un frotteur à 5 fr. par mois, j'aurais dépensé 600 francs dont il ne me resterait rien. Ils dureront encore dix ans et seront une magnificence dans une terre, eh ! bien j'aurai eu le luxe, là où un ménage économe aura eu la pauvreté. »

Derrière ces explications plus ou moins adroites vient poindre l'espoir de tout chineur : acquérir grâce à son œil et son savoir une œuvre exceptionnelle pour une somme dérisoire. Un rêve de richesse parmi beaucoup d'autres chez un écrivain qui n'aura jamais connu d'autre aisance que celle de ses fictions romanesques.

Un critique critiquable

Balzac est d'autant plus attentif à la valeur des œuvres qu'il mesure mieux que personne le pouvoir de l'argent dans une société où le talent est moins apprécié que l'opulence. Il précise par exemple dans *La Cousine Bette* qu'une peinture aurait été payée quatre cent mille francs alors qu'elle « vaudrait un million pour un pays privé de tableaux de Raphaël ». Raphaël est présenté comme un peintre insurpassable, un modèle inaccessible, mais pour en qualifier les tableaux, Balzac se contente d'affirmer qu'ils « sont le dernier degré du sublime et de la perfection », sans plus d'analyse sur ce qui fonde la qualité de la peinture. Ses commentaires ne rivalisent pas en hauteur ou pertinence avec ceux de Charles Baudelaire ou de Théophile Gautier, et les remarques ironiques ou enthousiastes sur les peintures qui émaillent la correspondance témoignent plus d'un goût pour l'anecdote ou d'une admiration sans nuance que d'une analyse approfondie. Horace Vernet est « un grand faiseur » et n'a pas de génie ; « Louis Boulanger, Delacroix, Ingres, Decamps, Jules Dupré, voilà, pour les tableaux de chevalet, les paysages et les grandes toiles, les vrais artistes. » Chaque peinture qu'il envisage d'acquérir est qualifiée de charmante, très belle, une admirable chose, une merveille. Inversement, une miniature est dite « affreuse » alors que la veille encore Balzac y voyait un chef-d'œuvre – il est vrai qu'elle ne coûtait que 100 francs.[4] Baudelaire dira par exemple de Boulanger que « ses tableaux romantiques sont mauvais, ses portraits sont bons, clairs, solides, facilement et simplement peints ; et, chose singulière, ils ont souvent l'aspect des bonnes gravures faites d'après les portraits de Van Dyck. Ils ont ces ombres denses et ces lumières blanches des eaux-fortes vigoureuses. » Le contraste est sensible avec les appréciations souvent rapides de Balzac.

De même, on ne trouve dans l'œuvre ou dans la correspondance aucune véritable critique du Salon. Balzac avait probablement imaginé un article sur cette institution et, si ce projet fut abandonné, on en trouve des traces dans la nouvelle *Pierre Grassou* publiée en 1839. Mais il y est traité davantage du fonctionnement de cette institution que des œuvres exposées. Balzac s'y indigne certes de l'incompréhension manifestée par les critiques au Salon devant Ingres, Géricault ou Delacroix, mais le roman est rédigé en 1839 et évoque le Salon de… 1817 ! Ces artistes sont alors reconnus par tous. Quant aux rares jugements exprimés, la postérité ne les a pas toujours confirmés, ainsi l'admiration portée à Meissonnier, hissé au même niveau que Delacroix.

Certes, Balzac a écrit des articles argumentés sur la gravure. Les années 1820 sont marquées en France par le développement massif du livre illustré romantique, servi par de nouvelles techniques comme la gravure « sur bois de bout » (le bois est taillé avec la même épaisseur que les caractères d'imprimerie, afin que textes et images puissent être imprimés ensemble). Balzac imprimeur, fondeur de caractères, éditeur, n'ignore rien de ces nouveautés et apprécie l'illustration autant comme éditeur que comme auteur, à la différence d'autres écrivains contemporains peu ou pas du tout disposés à laisser des gravures rivaliser avec leurs écrits (Dumas, Sand ou Musset, par exemple). Il se prête même à la publication d'un « Balzac illustré » – finalement limité à la seule *Peau de chagrin* [ill. p. 22] – et participe activement à la conception de l'édition Furne de *La Comédie humaine*, présentée comme une « édition de luxe à bon marché » car enrichie de gravures hors texte. Balzac a publié plusieurs commentaires sur ce nouvel art qu'est alors la lithographie, en particulier des séries de Gavarni, Monnier et Grandville, il s'y intéresse beaucoup aux idées exprimées, s'enthousiasme pour des scènes particulièrement spirituelles, mais reste très laconique sur les qualités graphiques des dessins.

4 Lettres à madame Hanska, Passy, le 9 et 10 février 1846.

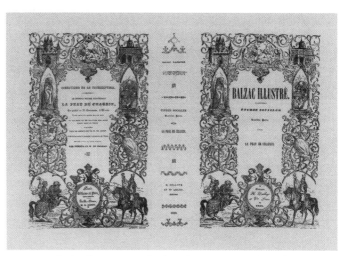

Frontispice de « La Peau de chagrin » provenant d'une édition illustrée par Balzac et publiée chez Delloy et Lecou
1838, lithographie, Coll. Bibliothèque des Arts décoratifs, Paris.

Le contraste est flagrant entre la brièveté des commentaires sur l'art pictural et la qualité de l'analyse musicale dont est capable Balzac. La sensibilité des passages sur le *Mosé* de Rossini (dans *Massimilla Doni*) ou *Robert le diable* de Meyerbeer (dans *Gambara*), bien qu'ils aient été rédigés relativement tard, n'a pas d'équivalent pour les arts plastiques. La modernité affichée pour la peinture serait-elle seulement de façade, Balzac s'appropriant les commentaires des artistes et critiques qu'il fréquente, sans que ce jugement repose sur une analyse vraiment personnelle des œuvres ? De fait, le seul roman dans lequel Balzac s'essaie à une analyse esthétique, *Le Chef-d'œuvre inconnu*, oppose sommairement la couleur au dessin, un antagonisme apparu à la fin du XVIIe siècle, puis revivifié au XIXe avec l'opposition d'Ingres et de Delacroix, et dont l'écrivain semble persuadé que la résolution seule permettrait d'atteindre l'objectif du peintre : restituer la vie, permettre au spectateur d'imaginer le sang courant sous la peau, de sentir la brise agitant les draperies. Cette analyse n'est pas seulement dictée par les besoins du roman puisqu'elle apparaît sous une forme identique dans un article de 1830, qui forme un véritable bilan de la réflexion esthétique de Balzac : « Il en est de la peinture comme de la poésie, comme de tous les arts ; elle se constitue de plusieurs qualités : la couleur, la composition, l'expression. Un artiste est déjà grand quand il porte à la perfection l'un de ces principes de beau, et il n'a été donné à aucun de les réunir tous au même degré. »

Si la portée critique du regard de Balzac est réduite, la complexité de sa pensée jaillit lorsqu'il utilise les œuvres d'art comme références. Très nombreuses dans *La Comédie humaine*, elles n'y expriment pas le goût de l'écrivain puisqu'il adapte volontiers la réalité à ses romans. De même que les villes et monuments décrits dans ses œuvres allient souvent une part de vérité et une autre d'invention, Balzac utilise les mentions artistiques librement, n'hésitant pas à rester imprécis voire à se dégager de l'exactitude historique : ainsi le tableau du Titien, évoqué dans les *Contes drolatiques,* a-t-il été réalisé bien après la date où l'histoire est supposée se dérouler ; dans *La Rabouilleuse*, Antoine-Denis Chaudet intervient en 1812, alors que ce peintre est mort en 1810. Les artistes réels et fictifs se croisent sans heurt, Joseph Bridau, inventé par Balzac, bénéficie de la bienveillance de Chaudet, le mythique Frenhofer et le jeune Nicolas Poussin partagent la même passion pour l'art : comme l'écrit Oscar Wilde, celui «qui a lu *La Comédie humaine* se dit que les seuls êtres réels sont ceux qui n'ont jamais existé».

Définir l'homme par ses œuvres d'art et son mobilier

Les œuvres citées ont pourtant été majoritairement conçues par des peintres ayant vraiment vécu, puisqu'elles forgent le cadre de l'action et définissent la nature même des personnages, tout comme le mobilier. Les descriptions jouent en effet un rôle essentiel dans *La Comédie humaine* qui n'est pas seulement le regroupement des œuvres de Balzac mais le projet, beaucoup plus ambitieux, de bâtir l'histoire des mœurs et de proposer une classification sociale de l'humanité, comparable aux systèmes de naturalistes comme Buffon ou Cuvier. Et de même que les animaux interviennent dans l'équilibre de leur milieu, et sont réciproquement déterminés par leurs conditions de vie, l'homme forgera son environnement et pourra être défini par ses habits, ses meubles ou sa demeure, ou les œuvres qu'il y admet. *Le Père Goriot* est emblématique de cette réflexion, qui s'ouvre sur une description de la pension, à l'issue de laquelle madame Vauquer se trouve socialement identifiée : «toute sa personne explique la pension, comme la pension implique sa personne».

Le mobilier, les peintures et gravures qui ornent l'intérieur des petits bourgeois, trahiront donc leur mentalité étriquée. Madame Tiphaine ne se prive pas de souligner le mauvais goût des cinq gravures qui ornent le salon des Rogron, qu'elle oppose aux usages provinciaux dont elle admet qu'ils ne sont pas toujours très raffinés, mais dont elle apprécie l'harmonie avec un mode de vie respectable. Et dans *César Birotteau*, Balzac ironise sur «cette bourgeoisie qui habille ses enfants en lancier ou en garde national, qui achète *Victoires et Conquêtes*, le *Soldat laboureur*, admire le *Convoi du pauvre*». Le même *Convoi du pauvre* (gravé d'après le tableau de Pierre-Roch Vigneron présenté au Salon de 1819) orne l'intérieur de Phellion, l'un des personnages les plus fades des *Employés* – qui en compte pourtant beaucoup. Dès les premières lignes d'*Ursule Mirouët*, Minoret-Levrault attend la diligence de Paris dans le merveilleux paysage de Nemours :

CHARLES HUARD (dessin) & **PIERRE GUSMAN** (gravure)
Mme Cibot, Élie Magus et Remonencq dans « Le Cousin Pons »
Pour l'édition Conard des *Œuvres complètes* de Balzac, 1910-1915.
Moulage en cuivre par galvanoplastie. Coll. Maison de Balzac, Paris.

« Ne faut-il pas être bien maître de poste pour s'impatienter devant une prairie où se trouvaient des bestiaux comme en fait Paulus Potter, sous un ciel de Raphaël, sur un canal ombragé d'arbres dans la manière d'Hobbema ? ». C'est l'impossibilité où se trouve le grossier Minoret-Levraut d'imaginer un tel rapprochement avec ces peintres hollandais ni même avec Raphaël dont il ignore assurément l'existence, dont s'amuse l'écrivain.

Dans *La Comédie humaine*, le hasard apporte parfois d'admirables peintures chez des gens incapables de les apprécier : ce sera le legs d'un lointain parent, les dépouilles d'une abbaye ou d'un château récupérées après la Révolution en raison du sentiment vague de richesse inspiré par un cadre doré... « Beaucoup passeront leur vie devant des œuvres aussi belles que précieuses sans jamais les voir [...]. » En revanche, les véritables esthètes, pétrifiés d'admiration devant ces chefs-d'œuvre, en oublieront toutes leurs autres passions. L'art permet de juger infailliblement de la sensibilité et de l'éducation. Quand Georges Marest, dans *Un début dans la vie*, compare le pacha Mohammed à l'une des figures d'un tableau d'Horace Vernet, il mentionne l'une des œuvres marquantes du Salon, et l'on situe socialement ce clerc de notaire. Même les parvenus conçoivent la peinture comme une marque de raffinement et s'efforcent de constituer des collections. Leur argent ne remplace cependant pas le goût et le père Vervelle, négociant enrichi et futur gendre de Pierre Grassou, s'étonne à peine d'avoir obtenu un tableau de Titien pour quelques milliers de francs – il est vrai qu'il achète des copies pour des originaux. « Le marchand de bouteilles semblait avoir voulu lutter avec le roi Louis-Philippe et les galeries de Versailles. » Une référence peu flatteuse quand on connaît l'absence d'enthousiasme de Balzac pour le roi des Français. Les tableaux de Vervelle sont tous vernis, époussetés, et présentés dans une galerie, quelques-uns « couverts de rideaux verts qui ne se tiraient pas en présence des jeunes personnes » : Balzac égratigne ici l'attrait exercé par les thèmes mythologiques ou bibliques à connotation érotique sur des bourgeois incapables d'apprécier la qualité picturale, ainsi que l'hypocrisie qui conduit à voiler ces tableaux devant les jeunes femmes pour ne pas offenser leur pudeur. Fier de cette démonstration de richesse, Vervelle accable ses invités de la fabuleuse valeur de ses tableaux.

Plus spirituelle, Florine n'entend pas reproduire l'ordre bourgeois si bien représenté par le musée de Versailles, et le mélange de coquetterie et de laisser-aller qui règne dans sa salle à manger témoigne de son âme d'artiste. Cette actrice marie avec goût meubles anciens et créations contemporaines ; des meubles de Boulle côtoient des peintures et des esquisses de Devéria et Decamps, une sculpture de Moine et même un cadre d'Elshoët, ce sculpteur inventé par Balzac et héros de *La Cousine Bette*. L'amour de l'art n'est pas pour autant révélateur d'une âme élevée et voisine souvent avec d'autres passions moins nobles, notamment la cupidité : l'un des plus forts usuriers de *La Comédie humaine*, Gobseck, a brocanté et vendu des tableaux de Léonard, et en parle avec justesse ; Élie Magus, également, mis en présence des chefs-d'œuvre de la collection de Pons, en oublie ses réflexes d'avare – un instant seulement.

Lire la peinture, ou l'écrire

Si les références artistiques définissent le rang social de leurs propriétaires, le romancier les emploie plus souvent dans une acception extrêmement originale que Baudelaire, a parfaitement comprise. Il rapporte ce trait sur Balzac qui, « se trouvant un jour en face d'un beau tableau, un tableau d'hiver, tout mélancolique et chargé de frimas, clairsemé de cabanes et de paysans chétifs – après avoir contemplé une maisonnette d'où montait une maigre fumée, s'écria : "Que c'est beau ! Mais que font-ils dans cette cabane ? À quoi pensent-ils, quels sont leurs chagrins ? Les récoltes ont-elles été bonnes ? Ils ont sans doute des échéances à payer ?" » Baudelaire, souriant de la faiblesse du grand écrivain, poursuit : « Rira qui voudra de M. de Balzac […] je pense qu'il nous a donné ainsi, avec son adorable naïveté, une excellente leçon de critique. Il m'arrivera souvent d'apprécier un tableau uniquement par la somme d'idées ou de rêveries qu'il apportera dans mon esprit. »

Cette anecdote souligne une particularité de Balzac qui voit dans les peintures les idées qu'y auraient mises les artistes, davantage que la qualité picturale. Il recherche dans un tableau ou une sculpture une histoire, laquelle ne sera pas nécessairement exprimée par le sens iconographique de la représentation même, mais par son traitement plastique. On trouve un exemple de cette poésie de l'imagination avec Decamps qui « a dans son pinceau ce que Paganini avait dans son archet, une puissance magnétiquement communicative », et qui choisira, en peignant un simple balai posé contre un mur, d'en faire un pacifique objet domestique, ou l'indice d'un crime, ou encore la monture d'une sorcière. De même, la manière dont Murillo peint son *Immaculée conception* éveille chez Raphaël de Valentin le souvenir de l'amour inouï mais très humain qu'il a ressenti pour la belle Fœdora, au lieu des pensées religieuses que le sujet aurait dû susciter.

Balzac est d'autant plus convaincu de ce système qu'il trouve parfois lui-même, dans quelques œuvres d'art de toute nature, matière à inspiration. Le roman *Séraphîta* lui aurait ainsi été suggéré par une statue d'ange aperçue dans l'atelier du sculpteur Théophile Bra ; *César Birotteau* dérive directement de Joseph Prudhomme, archétype grotesque de l'honnête bourgeois parisien créé par Henry Monnier dans ses *Scènes de province* puis traduit au théâtre, et *Les Employés* doivent beaucoup aux caricatures du même Henry Monnier.

Plus souvent, Balzac utilise la puissance évocatrice d'œuvres célèbres pour appuyer sa pensée. La précision d'un geste décrira la règle de fer qu'impose à la vie d'une maison une économie draconienne : « Les principes économiques qui présidaient à cette vie mesurée avec une exactitude digne du *Peseur d'Or* de Gérard Dou, où il n'entrait pas un grain de sel de trop, où pas un profit n'était oublié, cédaient cependant aux exigences de la serre et du jardinage. » Pons, en écoutant les improvisations de son ami Schmucke, est plongé dans l'extase « que Raphaël a peinte, et qu'on va voir à Bologne [la *Sainte Cécile*] ».

Malgré son excellente mémoire, Balzac ne décrit pas toujours avec exactitude des œuvres aperçues longtemps auparavant, voire connues seulement par des gravures ou des descriptions. Les souvenirs mûris par le temps se transforment parfois en impressions. L'allusion à une œuvre précise n'est d'ailleurs pas nécessaire et le nom de Rubens, Rembrandt ou Raphaël lui suffit pour évoquer une silhouette, une ambiance, un type de femme, plus précisément que ne le feraient des mots. Il inventera au besoin un tableau.

Et l'écriture devient l'égale, voire la rivale de la peinture : « je crois pouvoir faire un joli tableau de l'École hollandaise, mais j'y veux une tête de Raphaël au milieu. J'espère faire rire et pleurer là-dedans. »[5] Balzac

5 Lettre à madame Hanska, le 4 février 1844.

conçoit en effet ses héros, ou l'ambiance même d'un récit, comme des peintures, et il met en rapport chaque grand artiste à des types de personnages bien précis. La référence à Rembrandt est associée à des caractères introvertis, souvent des vieillards comme Frenhofer ou Gobseck, alors que les peintres italiens renvoient plutôt à la beauté idéale, et que les Italiennes sont volontiers comparées aux Vierges de Raphaël ; il est admis que le roman *La Fille aux yeux d'or*, avec ses couleurs où dominent le rouge et l'or, son érotisme, sa fin sanglante, est imprégné des peintures orientalistes de Delacroix.

Cet « esprit » des peintures joue dans les deux sens. Lorsque Balzac réfléchit à l'illustration de ses œuvres, il n'est pas anodin qu'il envisage de confier à Ingres le dessin d'Eugénie Grandet. « Le peintre qui cherche ici-bas un type à la céleste pureté de Marie, qui demande à toute la nature féminine ces yeux modestement fiers devinés par Raphaël, ces lignes vierges que donne parfois la nature, mais qu'une vie chrétienne et pudique peut seule conserver ou faire acquérir ; ce peintre, amoureux d'un si rare modèle, eût trouvé tout à coup dans le visage d'Eugénie la noblesse innée qui s'ignore ; il eût vu sous un front calme un monde d'amour. »

Balzac n'imagine pas que cette capacité à voir des idées dans les œuvres lui soit propre. Après avoir conçu *Séraphîta*, il n'hésite pas à conseiller à sa maîtresse, madame Hanska, d'aller dans l'atelier de Bra et d'y « rester quelque temps devant l'ange de droite, là est Séraphîta ». La source d'inspiration est devenue l'illustration du récit.

Le créateur selon Balzac

Cette assimilation de l'art à l'idée fait directement écho à une théorie de la création très particulière, défendue par Balzac dès 1830[6] et qui s'appuie sur son expérience de l'inspiration. Les écrivains ne sont alors pas encore admis dans la catégorie prestigieuse des artistes. Balzac souhaite évidemment y remédier et oppose l'artiste, initié à un mystère, à l'artisan, simplement détenteur d'une maîtrise technique. C'est un créateur, un visionnaire qui domine le monde des idées, l'exercice de la pensée lui procure d'ineffables délices, indescriptibles et inimaginables aux ignorants. Et cette supériorité s'étend au romancier comme aux musiciens, aux acteurs, aux militaires et aux poètes. « Ainsi Napoléon fut inventeur. Il a inventé sa méthode de faire la guerre. Walter Scott est un inventeur, Linné est un inventeur, Geoffroy-Saint-Hilaire et Cuvier sont des inventeurs. De tels hommes sont hommes de génie au premier chef. Ils renouvellent, augmentent ou modifient la science ou l'art. »[7] Balzac va jusqu'à proposer une hiérarchie parmi les arts visant à la représentation du monde : la peinture doit avec les couleurs, les demi-teintes et les lumières, peindre un sentiment et faire revivre toutes les nuances alors que le sculpteur n'a que la pierre pour exprimer le sentiment dans les formes humaines, « aussi

6 Mais dont on trouve les linéaments dans les premiers écrits du jeune Balzac, dès 1818.

7 In *Modeste Mignon*, 1844.

cache-t-il sous le marbre d'immenses travaux d'idéalisation dont peu de personnes lui tiennent compte ». L'écrivain, lui, doit non seulement voir des images mais encore les restituer, et ce au seul moyen des mots, aussi l'art littéraire, « ayant pour objet de reproduire la nature par la pensée, est-il le plus compliqué de tous les arts. »[8]

La Comédie humaine ou le portrait de l'artiste maudit

La réflexion sur la création artistique sert enfin de miroir à ce romancier qui s'est toujours inquiété de sa capacité à produire. La comparaison des différents génies de *La Comédie humaine*, qu'ils soient musiciens, peintres ou poètes, éclaire les conceptions balzaciennes de l'art mais trahit aussi de profondes angoisses, parfois exprimées ouvertement dans sa correspondance. Diverses causes d'insuccès sont explorées dans presque un quart de ses romans. Faillite sociale souvent, avec le rejet du créateur par la société. Les rares réussites sont rapidement évoquées, alors que les échecs forment le sujet principal de nombreux romans. Dans un article rédigé au début de sa carrière littéraire, Balzac caresse le projet d'expliquer le rôle social des artistes[9]. Il y suggère ce que devrait être leur vie si leurs mérites et leur utilité étaient pris en compte, mais aussi les raisons pour lesquelles ils suscitent l'incompréhension de la masse ignorante. Ces revendications n'ont plus leur place dans *La Comédie humaine*, où les artistes ne mènent de vie élevée qu'en rêve, fragiles espoirs éclos dans les sordides chambrettes où ils consument leur jeunesse. Ils « cherchent vainement à concilier le monde et la gloire, l'argent et l'art »[10]. Car presque aucun de ces souverains de la pensée n'est logé ou vêtu comme un roi. Le seul artiste intégré à la haute société parisienne, Théodore de Sommervieux, est né riche et porte un titre de baron. En revanche, Ginevra Porta voit son enfant mourir de faim avant de le suivre dans la tombe ; Gambara connaîtrait le même sort sans une rencontre providentielle ; Joseph Bridau ne s'extirpe de la gêne qu'en héritant de son frère. Léon de Lora parvient à vivre largement de son art mais il forme l'exception. La sottise de la foule permet aux imposteurs (Canalis) ou aux incapables (Pierre Grassou) de connaître plus de réussite.

L'échec artistique est davantage encore approfondi. La déception amoureuse conduit Camille Maupin à renier ses écrits avant de s'enfouir dans un couvent ; trop paresseux, Wenceslas Steinbock devient incapable de créer ; Lucien de Rubempré cède aux sirènes de la facilité et gâche son talent poétique avant de se suicider en prison. D'autres héros illustrent cet étrange aspect de la théorie du génie selon laquelle l'œuvre et l'exécution sont tués par la trop grande abondance du principe créateur. Le compositeur Gambara, perdu dans son inspiration, est absorbé par la musique des anges et n'exprime plus que des sons informes : ce n'est qu'abruti par l'alcool que, devenu incapable d'atteindre les sommets du monde des idées,

8 Préface de *La Peau de chagrin*, 1831.

9 « Des Artistes », in *La Silhouette*, 1830.

10 In *La Fille aux yeux d'or*, 1835.

Lettre illustrée adressée par Balzac à sa sœur Laure
1821, encre sur papier. Coll. Bibliothèque de l'Institut, Paris.

il joue enfin une musique enchanteresse. Les mêmes raisons expliquent le personnage de Frenhofer, héros du *Chef-d'œuvre inconnu*. Émile Zola, qui admire Balzac, s'est évidemment inspiré de ce roman pour écrire *L'Œuvre*, mais la connaissance personnelle qu'il a de la peinture grâce à sa longue amitié avec Cézanne l'amène à donner une interprétation radicalement différente, qui révèle en réalité l'originalité de la pensée balzacienne sur la création picturale. Le héros de Zola, Claude Lantier, est un peintre aux intuitions géniales, susceptible d'ouvrir des voies nouvelles mais, fragilisé par l'incompréhension du public, il reprend sans cesse ses œuvres qu'il ne sait pas finir, se heurte à une impuissance récurrente, et finit par en mourir. Zola a voulu montrer l'effort de la création dans l'œuvre d'art, la douleur que rencontre l'artiste pour «faire de la vie». Toutes différentes sont les intentions de Balzac. Frenhofer travaille certes depuis dix ans à sa peinture, mais n'a besoin d'un modèle parfait que pour s'assurer de la perfection de son œuvre, et il triomphe alors, convaincu de son entière réussite. Il parle de sa « Belle Noiseuse » comme d'une femme vivante, comme de sa maîtresse, ce qu'elle est pour lui. Frenhofer a été considéré par beaucoup d'artistes et de critiques d'art comme emblématique de l'inventeur exceptionnel, voire comme un précurseur de l'art abstrait, trop génial pour être compris. Mais le rapprochement avec les autres artistes de *La Comédie humaine* permet de comprendre qu'il s'est tout simplement égaré dans ses visions de manière irrémédiable, qu'il est devenu inapte à restituer son inspiration. Sans même s'en rendre compte, il amasse sur la toile des couches chaotiques de peinture, ensevelissant progressivement la merveilleuse étude exprimée dans un premier jet. Faut-il rappeler que son échec est constaté par le jeune Nicolas Poussin, présenté par Balzac comme un génie de la peinture ?

Le cas le plus pathologique de cette incapacité à quitter le monde de l'imagination est celui de Louis Lambert qui, définitivement passé dans un univers spirituel, ne communique même plus avec son épouse. « Hélas ! déjà ridé, déjà blanchi, enfin déjà plus de lumière dans ses yeux, devenus vitreux comme ceux d'un aveugle. Tous ses traits semblaient tirés par une convulsion vers le haut de sa tête. J'essayai de lui parler à plusieurs reprises ; mais il ne m'entendit pas. C'était un débris arraché à la tombe, une espèce de conquête faite par la vie sur la mort, ou par la mort sur la vie. » La vie de l'âme a tué celle du corps.

Du droit d'auteur...

Cette conception romantique qui s'apparente à celle des écrivains allemands s'enrichit progressivement pour aboutir, dans *La Cousine Bette*, à une importance essentielle accordée au labeur dans la création artistique. « L'Inspiration, c'est l'Occasion du Génie. Elle court non pas sur un rasoir, elle est dans les airs et s'envole avec la défiance des corbeaux, elle n'a pas d'écharpe par où le poète la puisse prendre, sa chevelure est une flamme, elle se sauve comme ces beaux flamants blancs et roses, le désespoir des chasseurs. Aussi le travail est-il une lutte lassante que redoutent et que chérissent les belles et puissantes organisations qui souvent s'y brisent. » Les difficultés financières chroniques de l'écrivain auront sans doute largement contribué à cette évolution. Une gêne qui trouve sa cause dans l'histoire : la Convention avait en effet décrété, pour faciliter au peuple l'accès aux œuvres du génie, que toute adaptation serait libre de droit. La mesure, généreuse dans ses intentions, condamnait les auteurs à une vie misérable. Et bien que Balzac connaisse un réel succès, il n'en profite guère. La popularité du *Père Goriot* conduit ainsi à la rapide création de deux pièces de théâtre, dont l'une triomphe avec plus de cinquante représentations. Cette version conserve la plupart des protagonistes du roman mais détourne entièrement le moteur dramatique puisque le récit féroce de Balzac s'édulcore en une fantaisie pleine de bons sentiments que conclut un heureux dénouement : Victorine s'avère la fille cachée de Goriot, elle épouse Rastignac dont l'ambition n'est plus que sentimentale, le tout sous l'œil attendri de Vautrin devenu petit escroc au grand cœur... Balzac est le principal absent d'une pièce qu'il aurait évidemment désavouée, et ne touche rien des recettes. Luttant contre ces injustices, il s'efforce de faire reconnaître ses droits, et soutient avec constance que la production artistique n'est pas l'illusoire facilité trop souvent associée au génie mais, avant tout, le fruit d'un effort constant, et que ce labeur, comparable à celui de l'ouvrier, mérite une égale reconnaissance. Pour mieux plaider cette cause, il se fait élire président de la récente Société des gens de lettres, envoie une lettre ouverte aux députés, intente des procès à des éditeurs peu scrupuleux.

Lui-même pose presque toujours en artiste, dans des tenues qui soulignent la puissance de travail du créateur : le froc du moine traduit l'enfermement quasi monacal de celui qui passe sa vie à écrire, la robe de chambre renvoie au travailleur de la nuit et la chemise et les bretelles du daguerréotype sont les vêtements habituels de l'ouvrier qu'on voyait alors sur les routes. L'ampleur de *La Comédie humaine* serait-elle d'ailleurs concevable sans les seize à vingt heures quotidiennes de labeur de Balzac ?

Le musée imaginaire de Balzac présente quelques similitudes avec la fantastique boutique de l'antiquaire de *La Peau de chagrin*, des « salles gorgées de civilisation, de cultes, de divinités, de chefs-d'œuvre, de royautés, de débauches, de raison et de folie ». Mais le visiteur attentif y trouvera davantage que le plaisir déjà considérable d'une promenade parmi les plus magnifiques peintures de l'art occidental. Car en concevant *La Comédie humaine* comme la première histoire des mœurs, Balzac a transformé le sens de cette galerie d'art, qui devient aussi le lieu d'une classification des espèces sociales, aux premiers rangs desquelles figurent les artistes, les collectionneurs, les marchands ou les esthètes. Les lois qui régissent la sensibilité, le goût, la passion pour l'art, y sont étudiées avec la même rigueur que celle mise en œuvre par les grands naturalistes dans leurs travaux sur l'organisation animale.

Et surtout, ce musée a pour fondations une théorie puissamment originale et intemporelle de la création artistique. À partir de sa propre expérience de l'inspiration, Balzac a défini une véritable métaphysique littéraire, une réflexion sur le génie et toutes ses conséquences, qu'il a ensuite transposée à la peinture comme aux autres créations de la pensée.

Musée imaginaire ? Sans doute, mais au sens le plus élevé du terme, celui d'un monument érigé à la création artistique dans son entière complexité, et conduisant vers la compréhension intime des œuvres. En y pénétrant, le spectateur aura, s'il le souhaite, un aperçu de ce monde des idées que parcourt librement l'homme de génie, ce « miroir concentrique où, suivant sa fantaisie, l'univers vient se réfléchir », et dans lequel, mais pour l'artiste seul, le temps comme l'espace se trouvent abolis.

LES TABLEAUX DE
LA COMÉDIE HUMAINE

La Comédie humaine, un regard critique porté sur la société du XIXe siècle

Même dans un avenir lointain, si quelque vent terrible, en emportant notre langue et notre civilisation, jetait par terre la carcasse de La Comédie humaine, *les décombres feraient sur le sol une telle montagne, qu'aucun peuple ne pourrait passer devant cet amas sans dire « Là dorment les ruines d'un monde ».* Émile Zola

La Comédie humaine est le titre donné par Balzac en 1841 au regroupement raisonné d'œuvres signées de son nom et écrites depuis 1829, ainsi que d'une vingtaine d'autres romans rédigés ultérieurement pour compléter cet ensemble. On n'y trouve donc ni les romans de jeunesse publiés avant 1829 sous différents pseudonymes, ni le théâtre, les *Contes drolatiques* ou les articles écrits dans les journaux. Balzac a conçu cette somme selon une conception très particulière de la société, comparable pour lui au système de la nature, et donc analysable de la même manière. Il existe des espèces sociales comme il y a des espèces zoologiques, avec une organisation certes différente mais comparable. L'objectif de *La Comédie humaine* est donc de reproduire pour les mœurs ce qu'ont réalisé pour le règne animal les grands naturalistes comme Buffon ou Cuvier, et Balzac se propose d'y parvenir grâce à une construction en trois parties.

La plus importante, et qui forme la base de ce monument romanesque, est qualifiée d'*Études de mœurs*. Elles doivent former un tableau exhaustif de toutes les catégories sociales et de leurs combinaisons, et sont subdivisées en six ensembles de romans ou « scènes » ; les *Scènes de la vie privée, de la vie de province, de la vie parisienne, de la vie politique, de la vie militaire et de la vie de campagne*. Viennent ensuite les *Études philosophiques* qui présentent les causes des aléas de la vie sociale, les conditions de vie de la société. Enfin, les *Études analytiques* posent les principes théoriques qui régissent la vie sociale.

Cette construction s'est faite progressivement et commence très tôt, puisque Balzac opère les premiers regroupements de romans dès 1830 (*Scènes de la vie privée*). La réflexion aboutit en 1842 à la publication du premier volume de *La Comédie humaine*. L'écrivain s'emploie alors à compléter son projet, publie notamment en 1848 *Le Cousin Pons* et *La Cousine Bette*, et travaille aux *Paysans* qui seront publiés après sa mort. Malgré ses efforts, l'ouvrage général qu'il avait imaginé ne sera jamais terminé.

Une liste laissée par Balzac permet de mesurer l'importance des lacunes. Les *Études analytiques* sont réduites à deux ouvrages ; la *Physiologie du mariage* et les *Petites misères de la vie conjugale*. Quant aux *Scènes de la vie militaire* qui devaient compter vingt-cinq romans, elles n'en comportent finalement que deux ! De plus, le projet a fluctué et plusieurs romans ont oscillé d'une catégorie à une autre, ainsi *César Birotteau* qui, conçu comme une scène philosophique intègre, lors de la publication de *La Comédie humaine*, les *Scènes de la vie parisienne*.

Les œuvres de
La Comédie humaine

Cette présentation est établie selon l'édition Furne de 1855
et à l'aide d'un plan – différent – établi par Honoré de Balzac en 1845.
En effet, l'écrivain n'a cessé de reprendre et de modifier ses textes,
mais aussi de déplacer certains de ses romans dans son classement.
Sont également mentionnés les projets non réalisés, afin de rappeler
que *La Comédie humaine* était une œuvre conçue de manière globale.

Études analytiques

La Physiologie du mariage (1829)
Petites misères de la vie conjugale (1839)

☛ **Plus trois projets
prévus mais non réalisés**

Études philosophiques

El Verdugo (1829-1830)
Adieu (1830)
Melmoth réconcilié (1830)
L'Élixir de longue vie (1830)
Sur Catherine de Médicis (1830 à 1844)
La Peau de chagrin (1831)
Le Chef-d'œuvre inconnu (1831)
Jésus-Christ en Flandre (1831)
Maître Cornélius (1831)
Le Réquisitionnaire (1831)
L'Auberge rouge (1831)
Les Proscrits (1831)
L'Enfant maudit (1831-1836)
Louis Lambert (1832)
Les Marana (1832-1833)
Séraphîta (1834)

La Recherche de l'Absolu (1834)
Un drame au bord de la mer (1834)
Sur Catherine de Médicis (1836-1846)
Gambara (1837)
Massimilla Doni (1837)

☛ **Plus cinq projets
prévus mais non réalisés**

Études de mœurs

SCÈNES DE LA VIE PRIVÉE

La Maison du chat-qui-pelote (1829)
Le Bal de Sceaux (1829)
La Paix du ménage (1829)
Gobseck (1830)
Étude de femme (1830)
La Vendetta (1830)
Une double famille (1830)
Madame Firmiani (1832)
La Femme de trente ans (1832)
La Bourse (1832?)
Le Message (1832)
La Grenadière (1832)
Le Colonel Chabert (1832)

La Femme abandonnée (1832)

Autre étude de femme (1832-1841)

Le Père Goriot (1834)

Le Contrat de mariage (1835)

La Messe de l'athée (1836)

L'Interdiction (1836)

Mémoires de deux jeunes mariées (1838-1841)

Une fille d'Ève (1838)

Béatrix (1839)

La Fausse Maîtresse (1841)

Un début dans la vie (1841-1844)

Honorine (1842)

Albert Savarus (1842)

Modeste Mignon (1844)

☛ **Plus quatre projets prévus mais non réalisés**

et de la décadence de César Birotteau (1837)

Les Employés (1837-1838)

Les Secrets de la princesse de Cadignan (1839)

Pierre Grassou (1839)

Splendeurs et misères des courtisanes (1843-1847)

Un prince de la bohème (1840)

L'Envers de l'histoire contemporaine (1841-1848)

Les Petits Bourgeois (1843-1844 inachevé)

Un homme d'affaires (1844)

Gaudissart II (1844)

Les Comédiens sans le savoir (1844-1845)

La Cousine Bette (1846)

Le Cousin Pons (1847)

☛ **Plus cinq projets prévus mais non réalisés**

SCÈNES DE LA VIE DE PROVINCE

Le Curé de Tours (1832)

L'Illustre Gaudissard (1833)

Eugénie Grandet (1833)

Le Lys dans la vallée (1835)

La Vieille Fille (1836)

Le Cabinet des antiques (1836)

Illusions perdues (1837-1843)

Pierrette (1840)

Ursule Mirouët (1841)

La Rabouilleuse (1841-1842)

La Muse du département (1843)

☛ **Plus quelques projets prévus mais non réalisés**

SCÈNES DE LA VIE PARISIENNE

Sarrasine (1830)

La Duchesse de Langeais (1833)

Ferragus, chef des Dévorants (1833)

La Fille aux yeux d'or (1834-1835)

Facino Cane (1836)

La Maison Nucingen (1836-1837)

Histoire de la grandeur

SCÈNES DE LA VIE POLITIQUE

Un épisode sous la terreur (1829)

Z. Marcas (1840)

Une ténébreuse affaire (1841)

Le Député d'Arcis (1847)

☛ **Plus quatre projets prévus mais non réalisés**

SCÈNES DE LA VIE MILITAIRE

Les Chouans ou *La Bretagne en 1799* (1829)

Une passion dans le désert (1830)

☛ **Plus vingt-trois projets prévus mais non réalisés**

SCÈNES DE LA VIE DE CAMPAGNE

Le Médecin de campagne (1833)

Le Lys dans la vallée (1835-1836)

Le Curé de village (1839)

Les Paysans (1844)

☛ **Plus deux projets prévus mais non réalisés**

SCÈNES DE LA
VIE PRIVÉE

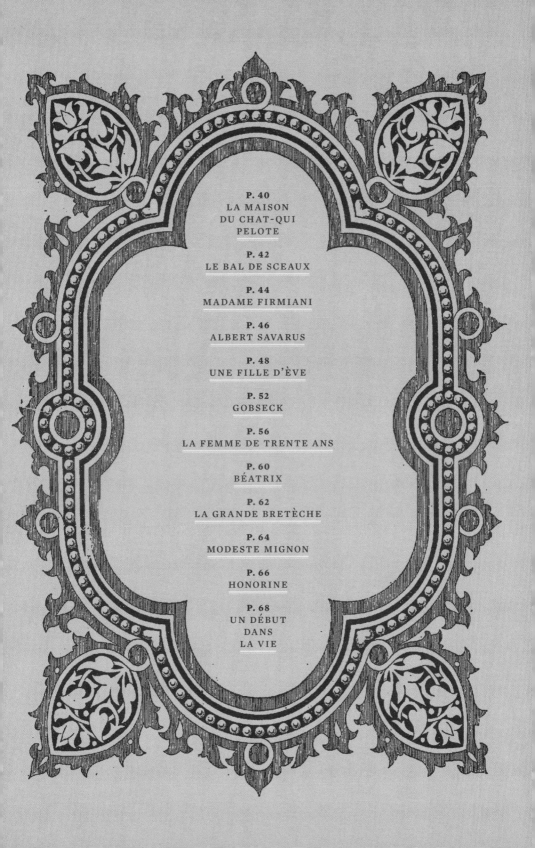

La Maison du Chat-qui-pelote

Peintre doué et riche aristocrate, Théodore de Sommervieux tombe
amoureux de la ravissante Augustine et l'épouse. Mais issue d'une famille
de drapiers parisiens, Augustine n'est préparée ni socialement
ni intellectuellement à rencontrer le monde que fréquente son époux.

Augustine était trop sincèrement religieuse pour ne pas être effrayée
du ton des artistes. Au premier dîner que donna Théodore, elle entendit
un jeune peintre disant avec cette enfantine légèreté qu'elle ne sut pas
reconnaître et qui absout une plaisanterie de toute irréligion :
– Mais, madame, votre paradis n'est pas plus beau que ***La Transfiguration***
de Raphaël ? Eh ! bien, je me suis lassé de la regarder. Augustine apporta
donc dans cette société spirituelle un esprit de défiance qui n'échappait
à personne. Elle gêna. Les artistes gênés sont impitoyables : ils fuient
ou se moquent. Madame Guillaume avait, entre autres ridicules,
celui d'outrer la dignité qui lui semblait l'apanage d'une femme mariée ;
et quoiqu'elle s'en fût souvent moquée, Augustine ne sut pas se défendre
d'une légère imitation de la pruderie maternelle. Cette exagération
de pudeur, que n'évitent pas toujours les femmes vertueuses, suggéra
quelques épigrammes à coups de crayon dont l'innocent badinage était
de trop bon goût pour que Sommervieux pût s'en fâcher. Ces plaisanteries
eussent été même plus cruelles, elles n'étaient après tout que des
représailles exercées sur lui par ses amis. Mais rien ne pouvait être
léger pour une âme qui recevait aussi facilement que celle de Théodore
des impressions étrangères. Aussi éprouva-t-il insensiblement
une froideur qui ne pouvait aller qu'en croissant. Pour arriver au bonheur
conjugal, il faut gravir une montagne dont l'étroit plateau est bien près
d'un revers aussi rapide que glissant, et l'amour du peintre le descendait.
Il jugea sa femme incapable d'apprécier les considérations morales qui
justifiaient, à ses propres yeux, la singularité de ses manières envers elle,
et se crut fort innocent en lui cachant des pensées qu'elle ne comprenait
pas et des écarts peu justifiables au tribunal d'une conscience bourgeoise.

Le Bal de Sceaux

*Aussi charmante qu'orgueilleuse, la jeune Émilie de Fontaine refuse
tous les partis, exigeant d'épouser un jeune et beau pair de France.
Lors d'un bal champêtre donné à Sceaux, elle reconnaît dans un jeune
homme le type des perfections extérieures dont elle rêve depuis si longtemps.*

Émilie, aussi piquée de la politesse de l'étranger qu'elle l'eût été
d'une impertinence, se mit à causer avec son frère en élevant la voix
beaucoup plus que le bon ton ne le voulait ; elle prit des airs de tête,
multiplia ses gestes et rit sans trop en avoir sujet, moins pour amuser
son frère que pour attirer l'attention de l'imperturbable inconnu.
Aucun de ces petits artifices ne réussit. Mademoiselle de Fontaine
suivit alors la direction que prenaient les regards du jeune homme,
et aperçut la cause de cette insouciance.
Au milieu du quadrille qui se trouvait devant elle, dansait une jeune
personne pâle, et semblable à ces déités écossaises que **Girodet** a placées
dans son immense composition des **guerriers français reçus par Ossian**.
Émilie crut reconnaître en elle une illustre lady qui était venue habiter
depuis peu de temps une campagne voisine. Elle avait pour cavalier
un jeune homme de quinze ans, aux mains rouges, en pantalon de nankin,
en habit bleu, en souliers blancs, qui prouvait que son amour pour la danse
ne la rendait pas difficile sur le choix de ses partners. Ses mouvements
ne se ressentaient pas de son apparente faiblesse ; mais une rougeur
légère colorait déjà ses joues blanches, et son teint commençait à s'animer.
Mademoiselle de Fontaine s'approcha du quadrille pour pouvoir
examiner l'étrangère au moment où elle reviendrait à sa place, pendant
que les vis-à-vis répéteraient la figure qu'elle exécutait. Mais l'inconnu
s'avança, se pencha vers la jolie danseuse, et la curieuse Émilie put
entendre distinctement ces paroles, quoique prononcées d'une voix
à la fois impérieuse et douce : — Clara, mon enfant, ne dansez plus.

ANNE-LOUIS GIRODET DE ROUSSY-TRIOSON
*Apothéose des héros français morts pour la patrie pendant
la guerre de la Liberté (hommage à Napoléon Bonaparte)*
1800, huile sur toile, 192,5 × 184 cm.
Coll. Châteaux de Malmaison et Bois-Préau.

*« Les poèmes d'Ossian », écrits vers 1760 par l'Écossais James Macpherson,
à partir de quelques poèmes gaéliques, eurent un énorme retentissement en Europe.
Napoléon en fit une de ses lectures favorites et ce n'est pas un hasard si Balzac,
qui a significativement contribué à la naissance de la légende napoléonienne,
fait ici allusion au tableau de Girodet.*

Madame Firmiani

Connaissez-vous madame Firmiani ? Chaque catégorie de Parisien donnera une réponse différente. Ancien militaire, M. de Bourbonne quitte ses propriétés de Touraine afin de rencontrer celle pour qui s'est ruiné son neveu. Il entend tant de bruits contradictoires sur madame Firmiani qu'il se résout à se présenter chez elle.

 Jeune encore, riche, musicienne parfaite, spirituelle, délicate, reçue, en souvenir des Cadignan auxquels elle appartient par sa mère, chez Mme la princesse de Blamont-Chauvry, l'oracle du noble faubourg, aimée de ses rivales la duchesse de Maufrigneuse sa cousine, la marquise d'Espard, et Mme de Macumer, elle flattait toutes les vanités qui alimentent ou qui excitent l'amour. Aussi était-elle désirée par trop de gens pour n'être pas victime de l'élégante médisance parisienne et des ravissantes calomnies qui se débitent si spirituellement sous l'éventail ou dans les apartés. Si quelques femmes lui pardonnaient son bonheur, d'autres ne lui faisaient pas grâce de sa décence ; or, rien n'est terrible, surtout à Paris, comme des soupçons sans fondement : il est impossible de les détruire. Cette esquisse d'une figure admirable de naturel n'en donnera jamais qu'une faible idée ; il faudrait **le pinceau de Ingres** pour rendre la fierté du front, la profusion des cheveux, la majesté du regard, toutes les pensées que faisaient supposer les couleurs particulières du teint. Il y avait tout dans cette femme : les poètes pouvaient en faire à la fois Jeanne d'Arc ou Agnès Sorel ; mais il s'y trouvait aussi la femme inconnue, l'âme cachée sous cette enveloppe décevante, l'âme d'Ève, les richesses du mal et les trésors du bien, la faute et la résignation, le crime et le dévouement, Dona Julia et Haïdée du *Don Juan* de lord Byron.

JEAN AUGUSTE DOMINIQUE INGRES
Portrait de madame Aymon, dite la Belle Zélie
1806, huile sur toile, 59 × 49 cm. Coll. Musée des Beaux-Arts, Rouen.

45

Albert Savarus

La jeune Philomène de Watteville est fascinée par son voisin,
un mystérieux et brillant avocat, Albert Savaron de Savarus. Celui-ci
a publié une nouvelle, L'Ambitieux par amour, *peignant les efforts*
du jeune Rodolphe pour devenir digne d'une princesse italienne qu'il aime
et espère épouser. Philomène, convaincue de l'authenticité de cette histoire,
en éprouve une insupportable jalousie.

— Chère, dit Rodolphe, encore quelques émotions de ce genre et je mourrais...
Après vingt années de connaissance seulement, vous saurez quelle est
la force et la puissance de mon cœur, de quelle nature sont ses aspirations
vers le bonheur. Cette plante ne monte pas avec plus de vivacité pour
s'épanouir aux rayons du soleil, dit-il en montrant un jasmin de Virginie
qui enveloppait la balustrade, que je ne me suis attaché depuis un mois
à vous. Je vous aime d'un amour unique. Cet amour sera le principe secret
de ma vie, et j'en mourrai peut-être !
— Oh! Français, Français ! fit-elle en commentant son exclamation
par une petite moue d'incrédulité.
— Ne faudra-t-il pas vous attendre, vous recevoir des mains du Temps ?
reprit-il avec gravité. Mais, sachez-le : si vous êtes sincère dans la parole
qui vient de vous échapper, je vous attendrai fidèlement sans laisser
aucun autre sentiment croître dans mon cœur.
Elle le regarda sournoisement.
— Rien, dit-il, pas même une fantaisie. J'ai ma fortune à faire,
il vous en faut une splendide, la nature vous a créée princesse...
À ce mot, Francesca ne put retenir un faible sourire qui donna l'expression
la plus ravissante à son visage, quelque chose de fin comme ce que
le grand Léonard a si bien peint dans *La Joconde.* Ce sourire fit faire
une pause à Rodolphe.

LÉONARD DE VINCI
La Joconde, portrait de Monna Lisa
Entre 1503 et 1506, huile sur bois, 77 × 53 cm. Coll. Musée du Louvre, Paris.

Une fille d'Ève

*Marie-Angélique de Vandenesse, quoique heureuse en ménage, s'y ennuie
et noue une liaison innocente avec un écrivain brillant, Raoul Nathan.
Pour se rendre digne de sa conquête, celui-ci veut imposer son talent
littéraire et politique et lance un journal, entreprise que sabotent ses associés.*

 Raoul, rendons-lui cette justice, offre dans sa personne je ne sais quoi
de grand, de fantasque et d'extraordinaire qui veut un cadre. Ses ennemis
ou ses amis, les uns valent les autres, conviennent que rien au monde ne
concorde mieux avec son esprit que sa forme. Raoul Nathan serait peut-être
plus singulier au naturel qu'il ne l'est avec ses accompagnements. Sa figure
ravagée, détruite, lui donne l'air de s'être battu avec les anges ou les démons,
elle ressemble à celle que les peintres allemands attribuent au Christ mort :
il y paraît mille signes d'une lutte constante entre la faible nature humaine
et les puissances d'en haut. Mais les rides creuses de ses joues, les redans
de son crâne tortueux et sillonné, les salières qui marquent ses yeux
et ses tempes, n'indiquent rien de débile dans sa constitution. Ses membranes
dures, ses os apparents ont une solidité remarquable ; et quoique sa peau,
tannée par des excès, s'y colle comme si des feux intérieurs l'avaient
desséchée, elle n'en couvre pas moins une formidable charpente.
Il est maigre et grand. Sa chevelure longue et toujours en désordre vise
à l'effet. Ce Byron mal peigné, mal construit, a des jambes de héron, des
genoux engorgés, une cambrure exagérée, des mains cordées de muscles,
fermes comme les pattes d'un crabe, à doigts maigres et nerveux. Raoul
a des yeux napoléoniens, des yeux bleus dont le regard traverse l'âme ; un nez
tourmenté, plein de finesse ; une charmante bouche, embellie par les dents
les plus blanches que puisse souhaiter une femme. Il y a du mouvement
et du feu dans cette tête, et du génie sur ce front. Raoul appartient au petit
nombre d'hommes qui vous frappent au passage, qui dans un salon forment
aussitôt un point lumineux où vont tous les regards. Il se fait remarquer par
son négligé, s'il est permis d'emprunter à Molière le mot employé par Éliante
pour peindre le *malpropre sur soi*. Ses vêtements semblent toujours avoir
été tordus, fripés, recroquevillés exprès pour s'harmonier à sa physionomie.
Il tient habituellement l'une de ses mains dans son gilet ouvert,
dans une pose que **le portrait de monsieur de Chateaubriand par Girodet**
a rendue célèbre ; mais il la prend moins pour lui ressembler, il ne veut
ressembler à personne, que pour déflorer les plis réguliers de sa chemise.

ANNE-LOUIS GIRODET DE ROUSSY-TRIOSON
Portrait de Chateaubriand méditant sur les ruines
de Rome devant une vue du Colisée
1811, huile sur toile, 130 × 96 cm.
Coll. Châteaux de Versailles et de Trianon, Versailles.

Une fille d'Ève

*Si Raoul Nathan recherche l'amour chaste et pur offert par
Marie-Angélique de Vandenesse, c'est aussi en réaction à dix années
de vie de bohème et de corruption avec Florine, comédienne de second
ordre mais courtisane accomplie avec laquelle il vit quasi maritalement.
La maison de Florine présente la magnificence exagérée des femmes
qui se soucient davantage des choses elles-mêmes que de leur prix.*

 Sa salle à manger, pleine des offrandes les plus distinguées, peut
servir à faire comprendre le pêle-mêle de ce luxe royal et dédaigneux.
C'était partout, même au plafond, des boiseries en chêne naturel sculpté
rehaussées par des filets d'or mat, et dont les panneaux avaient pour
cadre des enfants jouant avec des chimères, où la lumière papillotait,
éclairant ici une croquade de Decamps, là un plâtre d'ange tenant
un bénitier donné par Antonin Moine ; plus loin quelque **tableau coquet
d'Eugène Devéria,** une sombre figure d'alchimiste espagnol par
Louis Boulanger, un autographe de lord Byron à Caroline, encadré dans
de l'ébène, sculptée par Elschœt ; en regard une autre lettre de Napoléon
à Joséphine. Tout cela placé sans aucune symétrie, mais avec un art
inaperçu. L'esprit était comme surpris. Il y avait de la coquetterie et du
laisser-aller, deux qualités qui ne se trouvent réunies que chez les artistes.
Sur la cheminée en bois délicieusement sculpté, rien qu'une étrange
et florentine statue d'ivoire attribuée à Michel-Ange, qui représentait
un Égipan trouvant une femme sous la peau d'un jeune pâtre, et dont l'original
est au trésor de Vienne ; puis, de chaque côté, des torchères dues à quelque
ciseau de la Renaissance. Une horloge de Boulle, sur un piédestal d'écaille
incrusté d'arabesques en cuivre étincelait au milieu d'un panneau,
entre deux statuettes échappées à quelque démolition abbatiale. Dans
les angles brillaient sur leurs piédestaux des lampes d'une magnificence
royale, par lesquelles un fabricant avait payé quelques sonores réclames
sur la nécessité d'avoir des lampes richement adaptées à des cornets
du Japon. Sur une étagère mirifique se prélassait une argenterie précieuse
bien gagnée dans un combat où quelque lord avait reconnu l'ascendant
de la nation française ; puis des porcelaines à reliefs ; enfin le luxe exquis
de l'artiste qui n'a d'autre capital que son mobilier.

Eugène Devéria
Jeunes Femmes assises
1827, huile sur toile, 33 × 41 cm. Coll. Musée du Louvre, Paris.

Eugène Devéria était le frère d'Achille que connaissait très bien Balzac.
Outre ses peintures d'histoire très bien représentées au musée de l'Histoire de France
à Versailles, il a peint de nombreuses compositions plus petites destinées
à des intérieurs.

Gobseck

Gobseck est l'une des plus importantes figures de La Comédie humaine. *Aventurier, capitaliste, philosophe cynique, il reçoit des gens de toutes classes auxquels il prête à usure. Il rencontre ainsi madame de Restaud qui accepte de payer les dettes de son amant au risque de ruiner sa propre famille.*

Combien était belle la femme que je vis alors ! Elle avait jeté à la hâte sur ses épaules nues un châle de cachemire dans lequel elle s'enveloppait si bien que ses formes pouvaient se deviner dans leur nudité. [...] Son lit offrait le tableau d'un désordre produit sans doute par un sommeil agité. Un peintre aurait payé pour rester pendant quelques moments au milieu de cette scène. Sous des draperies voluptueusement attachées, un oreiller enfoncé sur un édredon de soie bleue, et dont les garnitures en dentelle se détachaient vivement sur ce fond d'azur, offrait l'empreinte de formes indécises qui réveillaient l'imagination. Sur une large peau d'ours, étendue aux pieds des lions ciselés dans l'acajou du lit, brillaient deux souliers de satin blanc, jetés avec l'incurie que cause la lassitude d'un bal. Sur une chaise était une robe froissée dont les manches touchaient à terre. Des bas que le moindre souffle d'air aurait emportés, étaient tortillés dans le pied d'un fauteuil. De blanches jarretières flottaient le long d'une causeuse. Un éventail de prix, à moitié déplié, reluisait sur la cheminée. Les tiroirs de la commode restaient ouverts. Des fleurs, des diamants, des gants, un bouquet, une ceinture gisaient çà et là. Je respirais une vague odeur de parfums. Tout était luxe et désordre, beauté sans harmonie. Mais déjà pour elle ou pour son adorateur, la misère, tapie là-dessous, dressait la tête et leur faisait sentir ses dents aiguës. La figure fatiguée de la comtesse ressemblait à cette chambre parsemée des débris d'une fête. Ces brimborions épars me faisaient pitié ; rassemblés, ils avaient causé la veille quelque délire. Ces vestiges d'un amour foudroyé par le remords, cette image d'une vie de dissipation, de luxe et de bruit, trahissaient des efforts de Tantale pour embrasser de fuyants plaisirs. [...] Néanmoins la nature avait assez d'énergie en elle pour que ces indices de folie n'altérassent pas sa beauté. Ses yeux étincelaient. Semblable à l'une de ces **Hérodiades dues au pinceau de Léonard de Vinci** (j'ai brocanté les tableaux), elle était magnifique de vie et de force ; rien de mesquin dans ses contours ni dans ses traits, elle inspirait l'amour, et me semblait devoir être plus forte que l'amour.

Contrairement à ce qu'affirme Balzac, aucune Hérodiade due au pinceau de Léonard n'est connue. Cependant, au XIXᵉ siècle, on attribuait volontiers au grand peintre les œuvres d'un de ses élèves et imitateurs, Bernadino Luini. Celui-ci a peint un certain nombre de Salomé. Balzac, comme alors Stendhal, amalgame la jeune Salomé et sa mère Hérodiade, probablement dans un but purement littéraire.

Gobseck

L'avoué Derville a autrefois fait appel aux coûteux services de Gobseck ;
il a su en apprécier les qualités morales et lui reste fidèle. Aussi se trouve-t-il
à son côté lorsque l'usurier agonise, seul parmi ses richesses – y compris
des vivres pourrissant. Dans l'alternance même des phases de délire et
de lucidité, la complexité de Gobseck est soulignée jusqu'à la fin du récit.

 Mon vieil ami, lui dis-je en le relevant et l'aidant à regagner son lit,
vous aviez froid, comment ne faites-vous pas de feu ? — Je n'ai point froid,
dit-il, pas de feu ! pas de feu ! Je vais je ne sais où, garçon, reprit-il en me
jetant un dernier regard blanc et sans chaleur, mais je m'en vais d'ici !
J'ai la *carphologie*, dit-il en se servant d'un terme qui annonçait combien
son intelligence était encore nette et précise. J'ai cru voir ma chambre pleine
d'or vivant et je me suis levé pour en prendre. À qui tout le mien ira-t-il ?
Je ne le donne pas au gouvernement, j'ai fait un testament, trouve-le,
Grotius. La belle Hollandaise avait une fille que j'ai vue je ne sais où,
dans la rue Vivienne, un soir. Je crois qu'elle est surnommée *la Torpille*,
elle est jolie comme un amour, cherche-la, Grotius ? Tu es mon exécuteur
testamentaire, prends ce que tu voudras, mange : il y a des pâtés de foie
gras, des balles de café, des sucres, des cuillers d'or. Donne le service
d'Odiot à ta femme. Mais à qui les diamants ? Prises-tu, garçon ?
j'ai des tabacs, vends-les à Hambourg, ils gagnent *un demi*. Enfin j'ai de
tout et il faut tout quitter ! Allons, papa Gobseck, se dit-il, pas de faiblesse,
sois toi-même. Il se dressa sur son séant, sa figure se dessina nettement
sur son oreiller comme si elle eût été de bronze, il étendit son bras sec
et sa main osseuse sur sa couverture qu'il serra comme pour se retenir,
il regarda son foyer, froid autant que l'était son œil métallique, et il mourut
avec toute sa raison, en offrant à la portière, à l'invalide et à moi, l'image
de ces vieux Romains attentifs que **Lethière** a peints derrière les Consuls,
dans son tableau de **la mort des enfants de Brutus.**

GUILLAUME GUILLON-LETHIÈRE
Brutus condamnant ses fils à mort
1811, huile sur toile, 440 × 783 cm. Coll. Musée du Louvre, Paris.

*Ce n'est pas le sujet dépeint par ce peintre académique passionné par l'histoire
et l'étude de l'art antiques qui intéresse ici Balzac, mais la sincérité avec laquelle
il décrit l'expression de ces Romains saisis par l'annonce de la condamnation
à mort des fils de Brutus, pour trahison envers la République.*

La Femme de trente ans

Julie a épousé son cousin Victor d'Aiglemont, jeune et fringant officier mais nul, égoïste et indélicat. Malheureuse en ménage, elle a vécu une longue liaison adultère et trouvé un équilibre grâce à la naissance de trois enfants. Un soir d'hiver, Victor, devenu général, se retrouve en famille dans un pavillon de campagne, et contemple avec bonheur sa femme et ses enfants.

 Ce vieux capitaine était redevenu petit sans beaucoup d'efforts. N'y a-t-il pas toujours un peu d'amour pour l'enfance chez les soldats qui ont assez expérimenté les malheurs de la vie pour avoir su reconnaître les misères de la force et les privilèges de la faiblesse ? Plus loin, devant une table ronde éclairée par des lampes astrales dont les vives lumières luttaient avec les lueurs pâles des bougies placées sur la cheminée, était un jeune garçon de treize ans qui tournait rapidement les pages d'un gros livre. Les cris de son frère ou de sa sœur ne lui causaient aucune distraction, et sa figure accusait la curiosité de la jeunesse. Cette profonde préoccupation était justifiée par les attachantes merveilles des *Mille et une Nuits* et par un uniforme de lycéen. Il restait immobile, dans une attitude méditative, un coude sur la table et la tête appuyée sur l'une de ses mains, dont les doigts blancs tranchaient au moyen d'une chevelure brune. La clarté tombant d'aplomb sur son visage, et le reste du corps étant dans l'obscurité, il ressemblait ainsi à ces portraits noirs où **Raphaël s'est représenté lui-même** attentif, penché, songeant à l'avenir.

ATTRIBUÉ À ANTONIO ALLEGRI, DIT LE CORRÈGE
Portrait de jeune homme (autoportrait ?)
XVIᵉ siècle, huile sur bois, 59 × 44 cm. Coll. Musée du Louvre, Paris.

De nombreuses incertitudes demeurent autour de cette toile.
Si on l'attribue depuis peu au Corrège, après y avoir vu l'œuvre de Parmigianino,
elle a longtemps été considérée comme un autoportrait de Raphaël auquel
Honoré de Balzac fait sans doute référence.

La Femme de trente ans

Julie d'Aiglemont aura chèrement payé les quelques instants de bonheur
vécus avec son amant. Elle aura successivement éprouvé la tragique mort
de son jeune fils, tué par la jalousie de sa sœur ; la fuite de cette dernière
avec un pirate – Julie ne la retrouve que pour la voir mourir dans ses bras – ;
l'impertinence de son autre fille, devenue sans le savoir maîtresse
de son demi-frère...

 Cette femme, vieille avant le temps, eût été, pour quelque poète passant
sur le boulevard, un tableau curieux. À la voir assise à l'ombre grêle
d'un acacia, l'ombre d'un acacia à midi, tout le monde eût su lire
une des mille choses écrites sur ce visage pâle et froid, même au milieu
des chauds rayons du soleil. Sa figure pleine d'expression représentait
quelque chose de plus grave encore que ne l'est une vie à son déclin,
ou de plus profond qu'une âme affaissée par l'expérience. Elle était un
de ces types qui, entre mille physionomies dédaignées parce qu'elles sont
sans caractère, vous arrêtent un moment, vous font penser ; comme,
entre les mille tableaux d'un musée, vous êtes fortement impressionné,
soit par **la tête sublime où Murillo peignit la douleur maternelle,**
soit par le visage de Béatrix Cinci où le Guide [Guido Reni] sut peindre
la plus touchante innocence au fond du plus épouvantable crime, soit
par la sombre face de Philippe II où Vélasquez a pour toujours imprimé
la majestueuse terreur que doit inspirer la royauté. Certaines figures humaines
sont de despotiques images qui vous parlent, vous interrogent, qui répondent
à vos pensées secrètes, et font même des poèmes entiers. Le visage glacé
de madame d'Aiglemont était une de ces poésies terribles, une de ces faces
répandues par milliers dans *La Divine Comédie* de Dante Alighieri.

BARTOLOMÉ ESTEBAN MURILLO, *Mater dolorosa*
Vers 1665, huile sur toile, 166 × 107 cm. Coll. Musée des Beaux-Arts, Séville.

*On ne sait pas exactement à quel tableau de Murillo renvoie l'allusion de Balzac
dans cet extrait de « La Femme de trente ans ». L'auteur n'a pas visité l'Espagne
mais la vogue du peintre de Séville au XIXe siècle est telle que la plupart
de ses œuvres sont connues par des copies ou gravures – qui propagent souvent
une image affadie, voire un peu mièvre, des originaux.*

Béatrix

Félicité des Touches est l'une des femmes supérieures de La Comédie humaine.
Riche, intelligente, raffinée, écrivain de talent, elle aime sans le savoir
Calyste du Guénic, jeune noble breton qu'elle a formé intellectuellement.
Au cours d'une conversation, elle lui annonce la venue imminente
de Béatrix de Rochefide, froide beauté du faubourg Saint-Germain.

 Félicité montrait à Calyste une belle copie du **tableau de Mieris où se voit une femme en satin blanc,** debout tenant un papier et chantant avec un seigneur brabançon, pendant qu'un nègre verse dans un verre à patte du vieux vin d'Espagne, et qu'une vieille femme de charge arrange des biscuits.

— Les blondes, reprit-elle, ont sur nous autres femmes brunes l'avantage d'une précieuse diversité : il y a cent manières d'être blonde, et il n'y en a qu'une d'être brune. Les blondes sont plus femmes que nous, nous ressemblons trop aux hommes nous autres brunes françaises. Eh bien ! dit-elle, n'allez-vous pas tomber amoureux de Béatrix sur le portrait que je vous en fais, absolument comme je ne sais quel prince des *Mille et un Jours* ? Tu arriverais encore trop tard mon pauvre enfant. Mais, console-toi : là c'est au premier venu les os !

Ces paroles furent dites avec intention. L'admiration peinte sur le visage du jeune homme était plus excitée par la peinture que par le peintre dont le *faire* manquait son but. En parlant, Félicité déployait les ressources de son éloquente physionomie.

— Malgré son état de blonde, continua-t-elle, Béatrix n'a pas la finesse de sa couleur ; elle a de la sévérité dans les lignes, elle est élégante et dure ; elle a la figure d'un dessin sec et l'on dirait que dans son âme il y a des ardeurs méridionales. C'est un ange qui flambe et se dessèche. Enfin ses yeux ont soif. Ce qu'elle a de mieux est la face ; de profil, sa figure a l'air d'avoir été prise entre deux portes. Vous verrez si je me suis trompée.

FRANS MIERIS L'ANCIEN
Jeune Femme devant le miroir
XVIIe siècle, huile sur bois, 20 × 23 cm. Coll. Gemäldegalerie, Berlin.

*Il semblerait qu'aucun tableau de Mieris, ou d'un autre peintre, correspondant
à la description que donne Balzac dans cet extrait, ne soit connu des spécialistes.
L'auteur aurait imaginé une scène de genre inspirée d'œuvres semblables
à celle-ci. La robe de satin ainsi que la multiplication des accessoires évoquent bien
l'atmosphère suggérée par Honoré de Balzac.*

La Grande Bretèche

*Sur les bords du Loir, Horace Bianchon pénètre souvent dans le jardin
redevenu sauvage d'une maison abandonnée, fasciné par le mystère
qui s'en dégage. Un notaire lui demande un jour d'arrêter ces visites,
et explique que l'ancienne propriétaire a payé pour s'assurer qu'on laisserait
cet hôtel tomber en ruine durant cinquante années. On pourra alors
ouvrir un codicille annexé au testament de madame de Merret.*

 Je m'enfonçai dans un roman à la Radcliffe, bâti sur les données juridiques
de M. Regnault, quand ma porte, manœuvrée par la main adroite
d'une femme, tourna sur ses gonds. Je vis venir mon hôtesse,
grosse femme réjouie, de belle humeur, qui avait manqué sa vocation ;
c'était une Flamande qui aurait dû naître dans un **tableau de Teniers**.
— Eh ! bien, monsieur ? me dit-elle. Monsieur Regnault vous a sans doute
rabâché son histoire de la Grande Bretèche.
— Oui, mère Lepas.
— Que vous a-t-il dit ?
Je lui répétai en peu de mots la ténébreuse et froide histoire
de madame de Merret.
À chaque phrase, mon hôtesse tendait le cou, en me regardant
avec une perspicacité d'aubergiste, espèce de juste milieu entre l'instinct
du gendarme, l'astuce de l'espion et la ruse du commerçant.
— Ma chère dame Lepas ! ajoutai-je en terminant, vous paraissez en savoir
davantage. Hein ? Autrement, pourquoi seriez-vous montée chez moi ?
— Ah ! foi d'honnête femme, et aussi vrai que je m'appelle Lepas...
— Ne jurez pas, vos yeux sont gros d'un secret. Vous avez connu M. de Merret.
Quel homme était-ce ?
— Dame, M. de Merret, voyez-vous, était un bel homme qu'on ne finissait
pas de voir, tant il était long ! Un digne gentilhomme venu de Picardie,
et qui avait, comme nous disons ici, la tête près du bonnet. Il payait tout
comptant pour n'avoir de difficulté avec personne. Voyez-vous, il était vif.
Nos dames le trouvaient toutes fort aimable.

DAVID II TENIERS, DIT LE JEUNE
Fête villageoise avec couple aristocratique
1652, huile sur toile, 80 × 109 cm. Coll. Musée du Louvre, Paris.

*Balzac associe souvent des types de femmes à la peinture : les belles femmes seront
plus volontiers rapprochées des peintures italiennes, tandis que les femmes
un peu fortes ou en trop bonne santé seront associées à des peintures nordiques,
notamment flamandes. Balzac établit ici une comparaison avec Teniers en raison
du caractère caricatural des tableaux de l'artiste flamand.*

Modeste Mignon

Soudainement ruiné, Charles Mignon de la Bastie part en Asie pour tenter d'y refaire fortune, et confie sa famille à des amis dévoués. L'une de ses filles, séduite puis abandonnée, meurt. Quelques mois plus tard, la gaieté dont témoigne, sans cause apparente, son autre fille Modeste, inquiète ses proches : serait-elle également amoureuse ?

 Les quatre Latournelle saluèrent avec la plus respectueuse déférence une vieille dame vêtue en velours noir, qui ne se leva pas du fauteuil où elle était assise, car ses deux yeux étaient couverts de la taie jaune produite par la cataracte. Madame Mignon sera peinte en une seule phrase. Elle attirait aussitôt le regard par le visage auguste des mères de famille dont la vie sans reproches défie les coups du Destin, mais qu'il a pris pour but de ses flèches, et qui forment la nombreuse tribu des Niobé. Sa perruque blonde bien frisée, bien mise, seyait à sa blanche figure froidie comme celle de ces **femmes de bourgmestre peintes par Holbein**. Le soin excessif de sa toilette, des bottines de velours, une collerette de dentelles, le châle mis droit, tout attestait la sollicitude de Modeste pour sa mère. Quand le moment de silence, annoncé par le notaire, fut établi dans ce joli salon, Modeste, assise près de sa mère et brodant pour elle un fichu, devint pendant un instant le point de mire des regards. Cette curiosité cachée sous les interrogations vulgaires que s'adressent tous les gens en visite, et même ceux qui se voient chaque jour, eut trahi le complot domestique médité contre la jeune fille à un indifférent ; mais Gobenheim, plus qu'indifférent, ne remarqua rien, il alluma les bougies de la table à jouer. L'attitude de Dumay rendit cette situation terrible pour Butscha, pour les Latournelle, et surtout pour madame Dumay qui savait son mari capable de tirer, comme sur un chien enragé, sur l'amant de Modeste. Après le dîner, le caissier était allé se promener, suivi de deux magnifiques chiens des Pyrénées soupçonnés de trahison, et qu'il avait laissés chez un ancien métayer de monsieur Mignon ; puis, quelques instants avant l'entrée des Latournelle, il avait pris à son chevet ses pistolets et les avait posés sur la cheminée en se cachant de Modeste. La jeune fille ne fit aucune attention à tous ces préparatifs, au moins singuliers.

HANS HOLBEIN LE JEUNE
Portrait d'Elizabeth Widmerpole
Vers 1536, détrempe sur bois, 32,5 × 25 cm. Coll. Musée Oskar Reinhart, Winterthur.

« Modeste Mignon » aurait été écrit par Balzac sur une idée de madame Hanska.
Ses voyages en Europe, avec ou sans sa maîtresse, avaient familiarisé l'écrivain
avec les peintures de Hans Holbein le Jeune, particulièrement bien représenté
au musée de Bâle que Balzac a visité en 1837.

Honorine

*Le comte Octave a chargé son secrétaire Maurice de l'Hostal de l'aider
à reconquérir sa femme Honorine. Abandonnée par son amant après
dix-huit mois de vie commune, celle-ci n'a pas osé regagner le domicile
de son mari dont elle se sent indigne. Maurice parvient, en s'installant
dans la propriété voisine, à entrer en relation avec Honorine.*

Ma misanthropie autorisait contre les hommes et contre les femmes
de cyniques sorties que je me permettais en espérant amener Honorine
sur le terrain des aveux ; mais elle ne se laissait prendre à aucun piège
et je commençais à comprendre *cet entêtement de mule*, plus commun qu'on
ne le pense chez les femmes. — Les Orientaux ont raison, lui dis-je
un soir, de vous renfermer en ne vous considérant que comme les instruments
de leurs plaisirs. L'Europe est bien punie de vous avoir admises à faire
partie du monde et de vous y accepter sur un pied d'égalité. Selon moi
la femme est l'être le plus improbe et le plus lâche qui puisse se rencontrer.
Et c'est là d'ailleurs d'où lui viennent ses charmes : le beau plaisir
de chasser un animal domestique ! Quand une femme a inspiré une passion
à un homme, elle lui est toujours sacrée, elle est, à ses yeux, revêtue
d'un privilège imprescriptible. Chez l'homme, la reconnaissance pour
les plaisirs passés est éternelle. S'il retrouve sa maîtresse ou vieille ou indigne
de lui, cette femme a toujours des droits sur son cœur ; mais, pour vous
autres, un homme que vous avez aimé n'est plus rien ; bien plus il a un tort
impardonnable, celui de vivre !... Vous n'osez pas l'avouer ; mais vous avez
toutes au cœur la pensée que les calomnies populaires appelées tradition
prêtent à la dame de la tour de Nesle : Quel dommage qu'on ne puisse
se nourrir d'amour comme on se nourrit de fruits ! et que d'un repas fait,
il ne puisse pas ne vous rester que le sentiment du plaisir !...
— Dieu, dit-elle, a sans doute réservé ce bonheur parfait pour le paradis.
Mais, reprit-elle, si votre argumentation vous semble très spirituelle,
elle a pour moi le malheur d'être fausse. Qu'est-ce que c'est que des femmes
qui s'adonnent à plusieurs amours ? me demanda-t-elle en me regardant
comme **la Vierge d'Ingres regarde Louis XIII** lui offrant son royaume.
— Vous êtes une comédienne de bonne foi, lui répondis-je, car vous venez
de me jeter de ces regards qui feraient la gloire d'une actrice.
Mais, belle comme vous êtes, vous avez aimé ; donc vous oubliez.

JEAN AUGUSTE DOMINIQUE INGRES
Le Vœu de Louis XIII
1825, huile sur toile, 421 × 262 cm. Coll. Cathédrale Notre-Dame, Montauban.

Un début dans la vie

Jeune homme très niais, Oscar Husson est envoyé par sa mère chez
un protecteur. Lors du voyage, les passagers engagent dans la diligence
une conversation où chacun s'efforce de mystifier les autres, et que seul
Oscar prend au sérieux. Un rapin se fait passer pour un grand peintre,
un clerc de notaire raconte ses campagnes militaires...

 Oui, jeune homme, j'ai fait la campagne de 1815. J'étais capitaine
à Mont-Saint-Jean et je me suis retiré sur la Loire quand on nous a licenciés.
Ma foi, la France me dégoûtait, et je n'ai pas pu y tenir.
Non, je me serais fait empoigner. Aussi me suis-je en allé avec deux
ou trois lurons, Selves, Besson et autres qui sont à cette heure en Égypte
au service du pacha Mohammed, un drôle de corps, allez ! Jadis simple
marchand de tabac à la Cavalle, il est en train de se faire prince souverain.
Vous l'avez vu dans **le tableau d'Horace Vernet, le *Massacre des Mamelouks.***
Quel bel homme ! Moi je n'ai pas voulu quitter la religion de mes pères
et embrasser l'islamisme d'autant plus que l'abjuration exige une opération
chirurgicale de laquelle je ne me soucie pas du tout. Puis personne n'estime
un renégat. Ah ! si l'on m'avait offert cent mille francs de rentes, peut-être...
et encore ?... non. Le Pacha me fit donner mille thalaris de gratification.
— Qu'est-ce que c'est ? dit Oscar qui écoutait Georges de toutes ses oreilles.
— Oh ! pas grand'chose. Le thalaris est comme qui dirait une pièce
de cent sous. Et ma foi je n'ai pas gagné la rente des vices que j'ai contractés
dans ce tonnerre de Dieu de pays-là, si toutefois c'est un pays.
Je ne puis plus maintenant me passer de fumer le narguilé deux fois
par jour et c'est cher...

« *Un début dans la vie* » *est rédigé en 1842 mais l'action a lieu vingt ans plus tôt :
les allusions à la peinture contemporaine renvoient donc au Salon de 1819
où Balzac, alors fraîchement installé à Paris, s'est probablement rendu.*

SCÈNES DE LA
VIE DE PROVINCE

&

SCÈNES DE LA

VIE DE CAMPAGNE

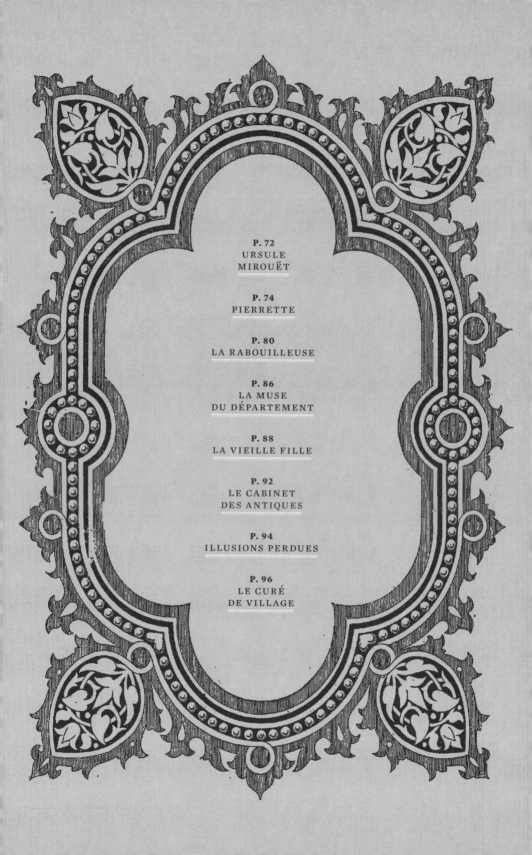

Ursule Mirouët

*Depuis deux ans, Désiré Minoret-Levrault mène grand train à Paris
où il a compris la puissance de l'argent et vu dans la magistrature un moyen
d'élévation. Il vient d'obtenir sa licence en droit et toute la famille entend
célébrer le triomphe de cet enfant unique. Son père, maître de poste
de Nemours, attend la diligence qui compte déjà quatre heures de retard.*

En homme impatienté d'attendre, il regardait tantôt les charmantes
prairies qui s'étalent à droite de la route et où ses regains poussaient,
tantôt la colline chargée de bois qui, sur la gauche, s'étend de Nemours
à Bouron. Il entendait dans la vallée du Loing, où retentissaient les bruits
du chemin repoussés par la colline, le galop de ses propres chevaux
et les claquements de fouet de ses postillons. Ne faut-il pas être bien
maître de poste pour s'impatienter devant une prairie où se trouvaient
des bestiaux comme en fait Paul Potter [Paulus Potter], sous un ciel
de Raphaël, sur un canal ombragé d'arbres dans la manière d'Hobbema ?
Qui connaît Nemours sait que la nature y est aussi belle que l'art, dont
la mission est de la spiritualiser : là, le paysage a des idées et fait penser.
Mais à l'aspect de Minoret-Levrault, un artiste aurait quitté le site
pour croquer ce bourgeois, tant il était original à force d'être commun.
Réunissez toutes les conditions de la brute, vous obtenez Caliban,
qui, certes, est une grande chose. Là où la Forme domine, le Sentiment
disparaît. Le maître de poste, preuve vivante de cet axiome, présentait
une de ces physionomies où le penseur aperçoit difficilement trace d'âme
sous la violente carnation que produit un brutal développement de la chair.

PAULUS POTTER
Bétail dans un paysage nuageux
1647, huile sur bois, 46,3 × 37,8 cm.
Coll. The National Gallery, Londres.

73

Pierrette

*Denis Rogron et sa sœur Sylvie, anciens merciers parisiens, ont revendu
leur fonds pour vivre en petits rentiers à Provins. D'une ignorance crasse,
ils se ferment progressivement toutes les portes et ne fréquentent
rapidement que les petites gens de la ville. Le mauvais goût des Rogron
s'exprime dans l'aménagement de leur maison.*

L'antichambre est sans doute ce long couloir où l'on est entre deux airs,
répondit madame Tiphaine. Nous avons eu la pensée éminemment nationale,
libérale, constitutionnelle et patriotique de n'employer que des bois
de France, reprit-elle. Ainsi, dans la salle à manger, le parquet est en bois
de noyer et façonné en point de Hongrie. Les buffets, la table et les chaises
sont également en noyer. Aux fenêtres, des rideaux en calicot blanc encadrés
de bandes rouges, attachés par de vulgaires embrasses rouges sur des patères
exagérées, à rosaces découpées, dorées au mat et dont le champignon ressort
sur un fond rougeâtre. Ces rideaux magnifiques glissent sur des bâtons
terminés par des palmettes extravagantes, où les fixent des griffes de lion en
cuivre estampé, disposées en haut de chaque pli. Au-dessus d'un des buffets,
on voit un cadran de café suspendu par une espèce de serviette en bronze
doré, une de ces idées qui plaisent singulièrement aux Rogron. [...]
Il y a sur ce buffet deux grandes lampes semblables à celles qui parent
le comptoir des célèbres restaurants. Au-dessus de l'autre se trouve
un baromètre excessivement orné, qui paraît devoir jouer un grand rôle dans
leur existence : le Rogron le regarde comme il regarderait sa prétendue. [...]
Tout cela est verni, propre, neuf, plein de tons criards. J'admettrais encore
cette salle à manger : elle a son caractère ; quelque désagréable qu'il soit,
il peint très bien celui des maîtres de la maison ; mais il n'y a pas moyen de tenir
à cinq de ces gravures noires contre lesquelles le ministère de l'Intérieur
devrait présenter une loi, et qui représentent Poniatowski sautant dans
l'Elster, **la défense de la barrière de Clichy,** Napoléon pointant lui-même
un canon, et les deux Mazeppa, toutes encadrées dans des cadres dorés dont
le vulgaire modèle convient à ces gravures, capables de faire prendre les succès
en haine ! Oh ! combien j'aime mieux les pastels de madame Julliard, qui
représentent des fruits, ces excellents pastels faits sous Louis XV, et qui sont
en harmonie avec cette bonne vieillie salle à manger, à boiseries grises et un
peu vermoulues, mais qui certes ont le caractère de la province, et vont avec
la grosse argenterie de famille, avec la porcelaine antique et nos habitudes.

HORACE VERNET
La Barrière de Clichy, défense de Paris le 30 mars 1814
1820, huile sur toile, 97,5 × 130,5 cm. Coll. Musée du Louvre, Paris.

Pierrette

*Exclus de la société, les Rogron s'ennuient tellement qu'ils se souviennent
d'une cousine orpheline dont on leur avait offert la charge cinq ans auparavant.
Ils décident de la sortir de l'hospice où elle vivait avec ses grands-parents
en Bretagne. Pierrette n'ayant pas assez d'argent, les conducteurs présentent
la facture aux Rogron qui s'en acquittent de très mauvaise grâce.*

 Telle fut l'arrivée et la réception de Pierrette Lorrain chez son cousin
et sa cousine, qui la regardaient d'un air hébété, chez lesquels elle fut jetée
comme un paquet, sans aucune transition entre la déplorable chambre
où elle vivait à Saint-Jacques auprès de ses grands-parents et la salle
à manger de ses cousins, qui lui parut être celle d'un palais.
Elle y était interdite et honteuse. Pour tout autre que pour ces ex-merciers,
la petite Bretonne eût été adorable dans sa jupe de bure bleue grossière,
avec son tablier de percaline rose, ses gros souliers, ses bas bleus, son fichu
blanc, les mains rouges enveloppées de mitaines en tricot de laine rouge,
bordées de blanc, que le conducteur lui avait achetées. Vraiment ! son petit
bonnet breton qu'on lui avait blanchi à Paris (il s'était fripé dans le trajet
de Nantes) faisait comme une auréole à son gai visage. Ce bonnet national,
en fine batiste, garni d'une dentelle roide et plissée par grands tuyaux
aplatis, mériterait une description, tant il est coquet et simple. La lumière
tamisée par la toile et la dentelle produit une pénombre, un demi-jour
doux sur le teint ; il lui donne cette grâce virginale que cherchent
les peintres sur leurs palettes, et que **Léopold Robert** a su trouver pour
la figure raphaélique de la femme qui tient un enfant dans **le tableau
des Moissonneurs**. Sous ce cadre festonné de lumière, brillait une figure
blanche et rose, naïve, animée par la santé la plus vigoureuse.
La chaleur de la salle y amena le sang qui borda de feu les deux mignonnes
oreilles, les lèvres, le bout du nez si fin, et qui, par opposition, fit paraître
le teint vivace plus blanc encore.

LÉOPOLD ROBERT
L'Arrivée des moissonneurs dans les marais Pontins
1830, huile sur toile, 141 × 212 cm. Coll. Musée du Louvre, Paris.

*On ne sait guère avec certitude à quels Salons s'est rendu Balzac. Y aura-t-il
découvert cette composition de Léopold Robert qui y triompha en 1831 ? L'écrivain
peut aussi avoir vu le tableau au Louvre, après son acquisition par l'État en 1835.*

Pierrette

La jalousie et le jeu des rivalités politiques vont se conjuguer au sadisme foncier de Sylvie Rogron pour faire de Pierrette la triste victime des pires traitements. Et ses rares défenseurs ne pourront l'empêcher de périr dans des souffrances épouvantables. Quelques années plus tard, aucun des personnages ayant contribué à la mort de Pierrette n'éprouve de remords.

 Cette Pierrette était une petite fille assez gentille et sans fortune ; par bonté d'âme ils l'ont prise avec eux ; au moment de se former, elle eut une intrigue avec un garçon menuisier ; elle venait pieds nus à sa fenêtre y causer avec ce garçon qui se tenait là, voyez-vous ? Les deux amants s'envoyaient des billets doux au moyen d'une ficelle. Vous comprenez que dans son état, aux mois d'octobre et de novembre, il n'en fallait pas davantage pour faire aller à mal une fille qui avait les pâles couleurs. Les Rogron se sont admirablement bien conduits ; ils n'ont pas réclamé leur part de l'héritage de cette petite, ils ont tout abandonné à sa grand'mère. La morale de cela, mes amis, est que le diable nous punit toujours d'un bienfait.

— Ah ! mais c'est bien différent, le père Frappier me racontait cela tout autrement.

— Le père Frappier consulte plus sa cave que sa mémoire, dit alors un habitué du salon de mademoiselle Rogron.

— Mais le vieux monsieur Habert...

— Oh ! celui-là, vous savez son affaire ?

— Non.

— Eh ! bien, il voulait faire épouser sa sœur à monsieur Rogron, le Receveur-Général.

[...] Pour donner à ceci d'immenses proportions, il suffit de rappeler qu'en transportant la scène au Moyen Âge et à Rome sur ce vaste théâtre, une jeune fille sublime, Béatrix Cenci, fut conduite au supplice par des raisons et par des intrigues presque analogues à celles qui menèrent Pierrette au tombeau. Béatrix Cenci n'eut pour tout défenseur qu'un artiste, un peintre. Aujourd'hui l'histoire et les vivants, sur la foi du **portrait de Guido Reni**, condamnent le pape, et font de Béatrix une des plus touchantes victimes des passions infâmes et des factions.

Convenons entre nous que la Légalité serait, pour les friponneries sociales, une belle chose si Dieu n'existait pas.

GUIDO RENI
Béatrice Cenci
Vers 1662, huile sur toile, 75 × 50 cm.
Coll. Palais Barberini, musée d'Art antique, Rome.

*Plus que l'œuvre picturale, c'est l'histoire tragique de cette jeune fille qui semble
avoir retenu l'attention de Balzac au point de citer ce portrait de Guido Reni
à deux reprises dans « La Comédie humaine ». Victime des violences de son père,
Béatrice [Béatrix] Cenci, aristocrate du XVIᵉ siècle, fut condamnée et exécutée pour
parricide. On peut y voir un écho au personnage balzacien de Pierrette.*

La Rabouilleuse

Agathe, deuxième fille du docteur Rouget, est venue tard : aussi son père, portant d'injustes soupçons sur cette naissance, la déshérite au profit de son fils Jean-Jacques. Envoyée à Paris dans la famille de sa mère, elle épouse un fonctionnaire honnête et désintéressé qui meurt épuisé de travail sous l'Empire en lui laissant deux fils.

 Au-dessus du canapé, le portrait de Bridau fait au pastel par une main amie attirait aussitôt les regards. [...] En considérant ce portrait, on voyait que l'homme avait toujours fait son devoir. Sa physionomie exprimait cette incorruptibilité qu'on accorde à plusieurs hommes employés sous la République. En regard et au-dessus d'une table à jeu brillait **le portrait de l'Empereur colorié, fait par Vernet**, et où Napoléon passe rapidement à cheval, suivi de son escorte. Agathe se donna deux grandes cages d'oiseaux, l'une pleine de serins, l'autre d'oiseaux des Indes. Elle s'adonnait à ce goût enfantin depuis la perte, irréparable pour elle comme pour beaucoup de monde, qu'elle avait faite. Quant à la chambre de la veuve, elle fut, au bout de trois mois, ce qu'elle devait être jusqu'au jour néfaste où elle fut obligée de la quitter, un fouillis qu'aucune description ne pourrait mettre en ordre. Les chats y faisaient leur domicile sur les bergères ; les serins, mis parfois en liberté, y laissaient des virgules sur tous les meubles [...] Les chats y trouvaient des friandises dans des soucoupes écornées. Les hardes traînaient. Cette chambre sentait la province et la fidélité. Tout ce qui avait appartenu à feu Bridau y fut soigneusement conservé. Ses ustensiles de bureau obtinrent les soins qu'autrefois la veuve d'un paladin eût donnés à ses armes. Chacun comprendra le culte touchant de cette femme d'après un seul détail. Elle avait enveloppé, cacheté une plume, et mis cette inscription sur l'enveloppe : « Dernière plume dont se soit servi mon cher mari. » La tasse dans laquelle il avait bu sa dernière gorgée était sous verre sur la cheminée. Les bonnets et les faux cheveux trônèrent plus tard sur les globes de verre qui recouvraient ces précieuses reliques. Depuis la mort de Bridau, il n'y avait plus chez cette jeune veuve de trente-cinq ans ni trace de coquetterie ni soin de femme. Séparée du seul homme qu'elle eût connu, estimé, aimé, qui ne lui avait pas donné le moindre chagrin, elle ne s'était plus sentie femme, tout lui fut indifférent ; elle ne s'habilla plus. Jamais rien ne fut ni plus simple ni plus complet que cette démission du bonheur conjugal et de la coquetterie.

CARLE VERNET
Napoléon Ier, Empereur des Français
XIXe siècle, estampe et rehauts de gouache, 86 × 66,5 cm. Coll. Château de Fontainebleau.

*La vulgarisation de la gravure au début du XIXe siècle favorise la diffusion
d'œuvres d'art parfois très liées au contexte politique. En évoquant ce célèbre
portrait du conquérant au faîte de sa gloire, et en associant les serviteurs
de Bonaparte au sens du devoir et à l'incorruptibilité, Balzac égratigne
la médiocrité et la corruption qu'il associe à la monarchie de Juillet.*

La Rabouilleuse

Jean-Jacques Rouget a épousé une femme chétive, qui hérite de ses parents
peu avant de mourir, léguant sa maison à son mari. Si cette demeure
fait l'admiration des habitants d'Issoudun, tous ignorent – il en va de même
pour le propriétaire de ces biens – que les tableaux ornant les murs valent
une véritable fortune.

La maison que Rouget avait héritée des Descoings occupe le milieu
de la place Saint-Jean, espèce de carré long et très étroit, planté de quelques
tilleuls malingres. Les maisons en cet endroit sont mieux bâties
que partout ailleurs, et celle des Descoings est une des plus belles.
Cette maison, située en face de celle de monsieur Hochon, a trois croisées
de façade au premier étage, et au rez-de-chaussée une porte cochère
qui donne entrée dans une cour au-delà de laquelle s'étend un jardin.
Sous la voûte de la porte cochère se trouve la porte d'une vaste salle éclairée
par deux croisées sur la rue. La cuisine est derrière la salle, mais séparée
par un escalier qui conduit au premier étage et aux mansardes situées
au-dessus. En retour de la cuisine, s'étendent un bûcher, un hangar
où l'on faisait la lessive, une écurie pour deux chevaux, et une remise,
au-dessus desquels il y a de petits greniers pour l'avoine, le foin, la paille,
et où couchait alors le domestique du docteur. La salle si fort admirée
par la petite paysanne et par son oncle avait pour décoration une boiserie
sculptée comme on sculptait sous Louis XV et peinte en gris, une belle
cheminée en marbre, au-dessus de laquelle Flore se mirait dans une
grande glace sans trumeau supérieur et dont la bordure sculptée était
dorée. Sur cette boiserie, de distance en distance, se voyaient quelques
tableaux, dépouilles des abbayes de Déols, d'Issoudun, de Saint-Gildas,
de la Prée, du Chézal-Benoît, de Saint-Sulpice, des couvents de Bourges
et d'Issoudun, que la libéralité de nos rois et des fidèles avaient enrichis
de dons précieux et des plus belles œuvres dues à la Renaissance.
Aussi dans les tableaux conservés par les Descoings et passés aux Rouget,
se trouvait-il **une sainte Famille de l'Albane,** un saint Jérôme du Dominiquin,
**une tête de Christ de Jean Bellin [Giovanni Bellini], une Vierge de
Léonard de Vinci,** un Portement de croix du Titien qui venait du marquis
de Belabre, celui qui soutint un siège et eut la tête tranchée sous Louis XIII ;
un Lazare de Paul Véronèse, un Mariage de la Vierge du prêtre Génois,
deux tableaux d'église de Rubens et une copie d'un tableau du Pérugin faite

par le Pérugin ou par Raphaël ; enfin, deux Corrège et un André del Sarto. Les Descoings avaient trié ces richesses dans trois cents tableaux d'église, sans en connaître la valeur, et en les choisissant uniquement d'après leur conservation. Plusieurs avaient non seulement des cadres magnifiques, mais encore quelques-uns étaient sous verre. Ce fut à cause de la beauté des cadres et de la valeur que les *vitres* semblaient annoncer que les Descoings gardèrent ces toiles. Les meubles de cette salle ne manquaient donc pas de ce luxe tant prisé de nos jours, mais alors sans aucun prix à Issoudun. L'horloge placée sur la cheminée entre deux superbes chandeliers d'argent à six branches se recommandait par une magnificence abbatiale qui annonçait Boulle. Les fauteuils en bois de chêne sculpté, garnis tous en tapisserie due à la dévotion de quelques femmes du haut rang, eussent été prisés haut aujourd'hui, car ils étaient tous surmontés de couronnes et d'armes. Entre les deux croisées, il existait une riche console venue d'un château, et sur le marbre de laquelle s'élevait un immense pot de la Chine, où le docteur mettait son tabac. Ni le médecin, ni son fils, ni la cuisinière, ni le domestique n'avaient soin de ces richesses. On crachait sur un foyer d'une exquise délicatesse dont les moulures dorées étaient jaspées de vert-de-gris. Un joli lustre moitié cristal, moitié en fleurs de porcelaine, était criblé, comme le plafond d'où il pendait, de points noirs qui attestaient la liberté dont jouissaient les mouches. Les Descoings avaient drapé aux fenêtres des rideaux en brocatelle arrachés au lit de quelque abbé commendataire. À gauche de la porte, un bahut, d'une valeur de quelques milliers de francs, servait de buffet.

LÉONARD DE VINCI
Vierge à l'enfant à l'œillet
Vers 1473, peinture sur bois,
62 × 47,5 cm.
Coll. Bayerische
Staatsgemäldesammlungen,
Alte Pinakothek, Munich.

GIOVANNI BELLINI
Le Christ bénissant
Vers 1465-1470, huile sur bois, 58 × 46 cm. Coll. Musée
du Louvre, Paris.

*Ce n'est assurément pas le tableau du Louvre, acquis en 1912, qu'évoque Balzac
dans « La Rabouilleuse ». Il exprime plutôt le fantasme d'un collectionneur :
découvrir chez un ignare des chefs-d'œuvre égarés. Et l'écrivain n'hésite
pas à réunir dans la maison des Descoings, qui devient presque un musée idéal,
les peintres les plus convoités dans les années 1840.*

La Muse du département

Dinah de la Baudraye s'ennuie à Sancerre et fait venir le journaliste Lousteau avec le médecin Bianchon. Spirituels et sarcastiques, ceux-ci s'amusent à impressionner les provinciaux et font montre de leur talent en narrant d'effroyables histoires. Pour contrer les Parisiens, l'un des amoureux de Mme de la Baudraye s'efforce à son tour de démontrer ses qualités de conteur.

 La veille de mon départ, j'étais à un bal chez madame de Listomère où devaient se trouver plusieurs Espagnols de distinction.

En quittant la table d'écarté, j'aperçus un Grand d'Espagne, un *Afrancesado* en exil, arrivé depuis quinze jours en Touraine. Il était venu fort tard à ce bal, où il apparaissait pour la première fois dans le monde, et visitait les salons accompagné de sa femme, dont le bras droit était absolument immobile. Nous nous séparâmes en silence pour laisser passer ce couple, que nous ne vîmes pas sans émotion. **Imaginez un vivant tableau de Murillo ?** Sous des orbites creusées et noircies, l'homme montrait des yeux de feu qui restaient fixes ; sa face était desséchée, son crâne sans cheveux offrait des tons ardents, et son corps effrayait le regard, tant il était maigre. La femme ! imaginez-la ? non, vous ne la feriez pas vraie. Elle avait cette admirable taille qui a fait créer ce mot de *meného* dans la langue espagnole ; quoique pâle, elle était belle encore ; son teint, par un privilège inouï pour une Espagnole, éclatait de blancheur ; mais son regard, plein du soleil de l'Espagne, tombait sur vous comme un jet de plomb fondu. — Madame, demandai-je à la marquise vers la fin de la soirée, par quel événement avez-vous donc perdu le bras ?

Balzac a-t-il vu cette peinture à Parme ? On connaît trop mal le détail
de ses voyages en Italie pour l'affirmer. Mais la vogue de Murillo au XIXᵉ siècle
est telle, que la plupart de ses œuvres sont copiées ou gravées.

La Vieille Fille

*Vieux gentilhomme voltairien, le chevalier de Valois se distingue
par son esprit et son élégance. Il occupe à Alençon un modeste appartement
au-dessus de la meilleure blanchisserie de la ville. Bien que pauvre, il est
accueilli avec plaisir dans les maisons les plus distinguées et devient aussi
le confident des ouvrières de l'atelier, sensibles à sa sympathie et à sa discrétion.*

 Mais le chevalier ne pouvait plus se ruiner pour une maîtresse !
Au lieu de bonbons enveloppés de billets de caisse, il offrait galamment
un sac de pures croquignoles. Disons-le à la gloire d'Alençon, ces croquignoles
étaient acceptées plus joyeusement que la Duthé ne reçut jadis une toilette
en vermeil ou quelque équipage du comte d'Artois. Toutes ces grisettes
avaient compris la majesté déchue du chevalier de Valois, et lui gardaient
un profond secret sur leurs familiarités intérieures. Les questionnait-on
en ville dans quelques maisons sur le chevalier de Valois, elles parlaient
gravement du gentilhomme, elles le vieillissaient ; il devenait un respectable
monsieur de qui la vie était une fleur de sainteté ; mais, au logis,
elles lui auraient monté sur les épaules comme des perroquets. Il aimait
à savoir les secrets que découvrent les blanchisseuses au sein des ménages,
elles venaient donc le matin lui raconter les cancans d'Alençon ; il les appelait
ses gazettes en cotillon, ses feuilletons vivants : jamais monsieur de Sartines
n'eut d'espions si intelligents, ni moins chers, et qui eussent conservé autant
d'honneur en déployant autant de friponnerie dans l'esprit. Notez que,
pendant son déjeuner, le chevalier s'amusait comme un bienheureux.
Suzanne, une de ses favorites, spirituelle, ambitieuse, avait en elle l'étoffe
d'une Sophie Arnould, elle était d'ailleurs belle comme **la plus belle
courtisane que jamais Titien ait conviée à poser sur un velours noir**
pour aider son pinceau à faire une Vénus ; mais sa figure, quoique fine
dans le tour des yeux et du front, péchait en bas par des contours communs.
C'était la beauté normande, fraîche, éclatante, rebondie, la chair de Rubens
qu'il faudrait marier avec les muscles de l'Hercule Farnèse, et non la Vénus
de Médicis, cette gracieuse femme d'Apollon.
— Hé ! bien, mon enfant, conte-moi ta petite ou ta grosse aventure.
Ce qui, de Paris à Pékin, aurait fait remarquer le chevalier, était la douce
paternité de ses manières avec ces grisettes ; elles lui rappelaient les filles
d'autrefois, ces illustres reines d'Opéra, dont la célébrité fut européenne
pendant un bon tiers du dix-huitième siècle.

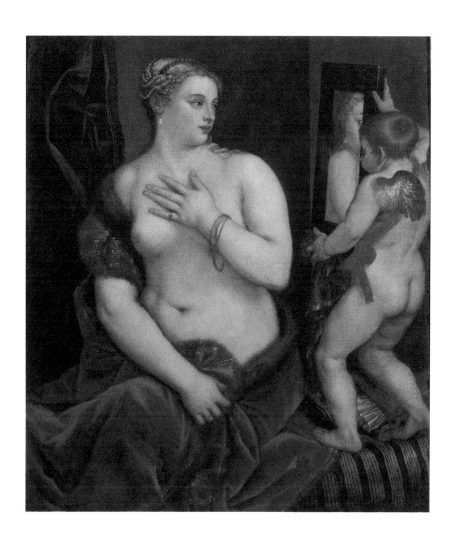

ATELIER DE TITIEN
Vénus et Cupidon
Vers 1555, huile sur toile, 119 × 195 cm. Coll. Galerie des Offices, Florence.

89

La Vieille Fille

*Le chevalier de Valois et du Bousquier cherchent tous deux à obtenir
la main d'une vieille fille riche, Rose Cormon. Libéral enragé,
du Bousquier a lancé l'idée d'un théâtre, et ce projet trouve un chaud
partisan dans Athanase Granson, un jeune homme secrètement
amoureux de sa cousine mademoiselle Cormon. Le chevalier de Valois
profite d'une promenade pour évoquer ce sujet avec la vieille fille.*

 — Mademoiselle, vous qui portez un si grand sens dans l'appréciation
des convenances sociales, et à qui ce jeune homme tient par quelques liens...
— Très éloignés, dit-elle en l'interrompant.
— Ne devriez-vous pas, dit le chevalier en continuant, user de l'ascendant
que vous avez sur sa mère et sur lui pour l'empêcher de se perdre ?
Il n'est pas déjà très religieux, il tient pour l'assermenté ; mais ceci n'est
rien. Voici quelque chose de beaucoup plus grave, ne se jette-t-il pas en
étourdi dans une voie d'opposition sans savoir quelle influence sa conduite
actuelle exercera sur son avenir ! Il intrigue pour la construction
du théâtre ; il est, dans cette affaire, la dupe de ce républicain déguisé,
de du Bousquier...
— Mon Dieu ! monsieur de Valois, répondit-elle, sa mère me dit
qu'il a de l'esprit, et il ne sait pas dire *deux* ; il est toujours planté
devant vous comme un *terne*...
— Qui ne pense à rien ! s'écria le Conservateur des hypothèques.
Je l'ai saisi au vol, celui-là ! Je présente mes *devoares* au chevalier
de Valois, ajouta-t-il en saluant le gentilhomme avec l'emphase attribuée
par **Henry Monnier à Joseph Prudhomme**, l'admirable type
de la classe à laquelle appartenait le Conservateur des hypothèques.
Monsieur de Valois rendit le salut sec et protecteur du noble qui maintient
sa distance ; puis il remorqua mademoiselle Cormon à quelques pots
de fleurs plus loin, pour faire comprendre à l'interrupteur qu'il ne voulait pas
être espionné.
— Comment voulez-vous, dit le chevalier à voix basse en se penchant
à l'oreille de mademoiselle Cormon, que les jeunes gens élevés dans ces
détestables lycées impériaux aient des idées ? C'est les bonnes mœurs
et les nobles habitudes qui produisent les grandes idées et les belles amours.
Il n'est pas difficile, en le voyant, de deviner que ce pauvre garçon deviendra
tout à fait imbécile, et mourra tristement. Voyez comme il est pâle, hâve ?

HENRY MONNIER
Autoportrait en monsieur Prudhomme
XIXe siècle, plume et aquarelle sur papier, 28 × 21 cm.
Coll. Maison de Balzac, Paris.

Henry Monnier, mime, acteur, écrivain, en vient progressivement à incarner le personnage qu'il a inventé, joué, puis dessiné, et ses nombreux autoportraits en monsieur Prudhomme trahissent cette assimilation. Le type est tellement caractérisé que Balzac en fait volontiers une référence pour pointer les ridicules d'une petite bourgeoisie niaise et conformiste.

Le Cabinet des Antiques

*Comme beaucoup de jeunes nobles de province, Victurnien d'Esgrignon
arrive à Paris chargé d'illusions et y mène grand train. Henry de Marsay
le présente perfidement à son ancienne maîtresse Diane de Maufrigneuse
qui décide de le séduire pour croquer sa fortune.*

 Comme l'époque de ce mariage lui défendait de dérober à la connaissance
des temps la moindre petite année, et qu'elle atteignait à l'âge de 26 ans,
elle avait inventé de se faire immaculée. Elle paraissait à peine tenir à la terre,
elle agitait ses grandes manches, comme si c'eût été des ailes. Son regard
prenait la fuite au ciel à propos d'un mot, d'une idée, d'un regard un peu trop
vifs. **La madone de Piola**, ce grand peintre génois, assassiné par jalousie
au moment où il était en train de donner une seconde édition de Raphaël,
cette madone la plus chaste de toutes et qui se voit à peine sous sa vitre dans
une petite rue de Gênes, cette céleste madone était une Messaline, comparée
à la duchesse de Maufrigneuse. Les femmes se demandaient comment la jeune
étourdie était devenue, en une seule toilette, la séraphique beauté voilée
qui semblait, suivant une expression à la mode, avoir une âme blanche comme
la dernière tombée de neige sur la plus haute des Alpes, comment elle avait
si promptement résolu le problème jésuitique de si bien montrer une gorge
plus blanche que son âme en la cachant sous la gaze ; comment elle pouvait être
si immatérielle en coulant son regard d'une façon si assassine. Elle avait l'air
de promettre mille voluptés par ce coup d'œil presque lascif quand, par un
soupir ascétique plein d'espérance pour une meilleure vie, sa bouche paraissait
dire qu'elle n'en réaliserait aucune. Des jeunes gens naïfs, il y en avait
quelques-uns à cette époque dans la Garde Royale, se demandaient si, même
dans les dernières intimités, on tutoyait cette espèce de Dame Blanche,
vapeur sidérale tombée de la Voie Lactée. Ce système, qui triompha pendant
quelques années fut très profitable aux femmes qui avaient leur élégante
poitrine doublée d'une philosophie forte, et qui couvraient de grandes exigences
sous ces petites manières de sacristie. Pas une de ces créatures célestes
n'ignorait ce que pouvait leur rapporter en bon amour l'envie qui prenait
à tout homme bien né de les rappeler sur la terre. Cette mode leur permettait
de rester dans leur empyrée semi-catholique et semi-ossianique ; elles pouvaient
et voulaient ignorer tous les détails vulgaires de la vie, ce qui accommodait
bien des questions. L'application de ce système deviné par de Marsay
explique son dernier mot à Rastignac, qu'il vit presque jaloux de Victurnien.

ATTRIBUÉ À DOMENICO PIOLA L'ANCIEN
Vierge à l'Enfant
XVIIᵉ siècle, huile sur toile, 41 × 30 cm. Coll. Musée des Beaux-Arts, Palais Fesch, Ajaccio.

Illusions perdues

*Lousteau est un journaliste dont les illusions se sont depuis longtemps
envolées. Il tente de faire part de son expérience à Lucien de Rubempré,
jeune poète doué de province venu à Paris en espérant y réussir,
et l'invite à dîner. Comme Lousteau a besoin d'acheter des gants, il cède
à un usurier les livres qu'on lui a remis pour qu'il en fasse la critique.*

 — Voici un billet de cent francs à trois mois, dit Barbet qui ne put s'empêcher
de sourire en sortant un papier timbré de sa poche, et j'emporterai
vos bouquins. Voyez-vous, je ne peux plus donner d'argent comptant,
les ventes sont trop difficiles. J'ai pensé que vous aviez besoin de moi,
j'étais sans le sou, j'ai souscrit un effet pour vous obliger, car je n'aime pas
à donner ma signature.

— Ainsi, vous voulez encore mon estime et des remerciements ? dit Lousteau.

— Quoiqu'on ne paye pas ses billets avec des sentiments, je les accepterai
tout de même, répondit Barbet.

— Mais il me faut des gants, et les parfumeurs auront la lâcheté de refuser
votre papier, dit Lousteau. Tenez, voilà une superbe gravure, là,
dans le premier tiroir de la commode, elle vaut quatre-vingts francs,
elle est avant la lettre et après l'article, car j'en ai fait un assez bouffon.
Il y avait à mordre sur ***Hippocrate refusant les présents d'Artaxerxès.***
Hein ! cette belle planche convient à tous les médecins qui refusent
les dons exagérés des satrapes parisiens. Vous trouverez encore sous
la gravure une trentaine de romances. Allons, prenez le tout, et donnez-moi
quarante francs.

— Quarante francs ! dit le libraire en jetant un cri de poule effrayée,
tout au plus vingt. Encore puis-je les perdre, ajouta Barbet.

— Où sont les vingt francs ? dit Lousteau.

— Ma foi, je ne sais pas si je les ai, dit Barbet en se fouillant. Les voilà.
Vous me dépouillez, vous avez sur moi un ascendant...

Honoré de Balzac, resté fidèle à ses impressions de jeune homme, évoque souvent des peintres de la fin du XVIIIe siècle ou du début du XIXe bien que la plupart soient alors démodés. C'est toutefois du thème – le grand médecin grec Hippocrate refusant les offres du roi des Perses – plus que de la qualité du tableau dont parle le journaliste Lousteau à Barbet.

Le Curé de village

Ferrailleurs à Limoges, les Sauviat mènent une vie sobre et travailleuse.
Leurs seules dépenses connues sont faites pour leur fille unique,
qu'ils élèvent chrétiennement et avec une sensibilité dont leurs voisins
les croyaient entièrement privés.

À neuf ans, Véronique étonna le quartier par sa beauté. Chacun admirait
un visage qui pouvait être un jour digne du pinceau des peintres
empressés à la recherche du beau idéal. Surnommée *la Petite Vierge*,
elle promettait d'être bien faite et blanche. Sa figure de madone, car la voix
du peuple l'avait bien nommée, fut complétée par une riche et abondante
chevelure blonde qui fit ressortir la pureté de ses traits. Quiconque
a vu **la sublime petite Vierge de Titien dans son grand tableau
de la Présentation au Temple**, saura ce que fut Véronique en son enfance :
même candeur ingénue, même étonnement séraphique dans les yeux,
même altitude noble et simple, même port d'infante.

TITIEN
La Présentation de la Vierge au Temple
1534-1538, huile sur toile, 335 × 775 cm. Coll. Galerie de l'Académie, Venise.

Le Curé de village

*Alors que Véronique Sauviat, transfigurée par un amour que son mari
ne sait lui inspirer, tombe enceinte, commence le procès de son amant
Jean-François Tascheron, un ouvrier qui a tué un riche vieillard,
et dont le complice reste introuvable. L'accusé s'enferme dans un silence
rompu d'insultes envers les hommes et l'Église. L'évêque de Limoges
fait alors venir l'abbé Bonnet, curé du village où est né l'assassin.*

 Au moment où le jeune abbé entra dans la salle basse où se trouvaient
réunis tous ces personnages, le curé de Montégnac avait épuisé
les ressources de son éloquence. Les deux vieillards, insensibles à force
de douleur, étaient accroupis dans un coin sur leurs sacs en regardant
leur vieille maison héréditaire, ses meubles et l'acquéreur, et se regardant
tour à tour comme pour se dire : avons-nous jamais cru que pareil
événement put arriver ? Ces vieillards qui, depuis longtemps, avaient
résigné leur autorité à leur fils, le père du criminel, étaient, comme
de vieux rois après leur abdication, redescendus au rôle passif des sujets
et des enfants. Tascheron était debout, il écoutait le pasteur auquel
il répondait à voix basse par des monosyllabes. Cet homme, âgé d'environ
quarante-huit ans, avait **cette belle figure que Titien a trouvée pour tous
ses apôtres** : une figure de foi, de probité sérieuse et réfléchie, un profil
sévère, un nez coupé en angle droit, des yeux bleus, un front noble,
des traits réguliers, des cheveux noirs et crépus, résistants, plantés avec
cette symétrie qui donne du charme à ces figures brunies par les travaux
en plein air. Il était facile de voir que les raisonnements du curé
se brisaient devant une inflexible volonté.

TITIEN
Pentecôte
1545, huile sur toile.
Coll. Basilique Santa Maria della Salute, Venise.

99

Le Curé de village

*Véronique Sauviat était la maîtresse de Jean-François Tascheron
qu'elle a laissé mourir par son silence. Elle passera sa vie entière à expier
cette passion par des mortifications incessantes qui ruinent sa santé.
Elle devient aussi la bienfaitrice de Montégnac, village natal de
son amant, transformé par son argent et ses soins en terre prospère.*

Véronique était alors arrivée à quelques pas du banc en compagnie
de Clousier, du curé, de Gérard. Éclairée par les lueurs douces du couchant,
elle resplendissait d'une horrible beauté. Son front jaune sillonné de longues
rides amassées les unes au-dessus des autres, comme des nuages, révélait
une pensée fixe au milieu de troubles intérieurs. Sa figure, dénuée de toute
couleur, entièrement blanche de la blancheur mate et olivâtre des plantes
sans soleil, offrait alors des lignes maigres sans sécheresse, et portait
les traces des grandes souffrances physiques produites par les douleurs
morales. Elle combattait l'âme par le corps, et réciproquement. Elle était
si complètement détruite, qu'elle ne se ressemblait à elle-même que comme
une vieille femme ressemble à son portrait de jeune fille. L'expression
ardente de ses yeux annonçait l'empire despotique exercé par une volonté
chrétienne sur le corps réduit à ce que la religion veut qu'il soit.
Chez cette femme, l'âme entraînait la chair comme l'Achille de la poésie
profane avait traîné Hector, elle la roulait victorieusement dans les
chemins pierreux de la vie, elle l'avait fait tourner pendant quinze années
autour de la Jérusalem céleste où elle espérait entrer, non par supercherie,
mais au milieu d'acclamations triomphales. Jamais aucun des solitaires
qui vécurent dans les secs et arides déserts africains ne fut plus maître
de ses sens que ne l'était Véronique au milieu de ce magnifique château,
dans ce pays opulent aux vues molles et voluptueuses, sous le manteau
protecteur de cette immense forêt d'où la science, héritière du bâton
de Moïse, avait fait jaillir l'abondance, la prospérité, le bonheur pour toute
une contrée. Elle contemplait les résultats de douze ans de patience, œuvre
qui eût fait l'orgueil d'un homme supérieur, avec la douce modestie que
**le pinceau du Panormo [Pontormo] a mise sur le sublime visage de sa
Chasteté chrétienne caressant la céleste licorne.** La religieuse châtelaine,
dont le silence était respecté par ses deux compagnons en lui voyant les yeux
arrêtés sur les immenses plaines autrefois arides et maintenant fécondes,
allait les bras croisés, les yeux fixés à l'horizon sur la route.

VIE
PARISIENNE

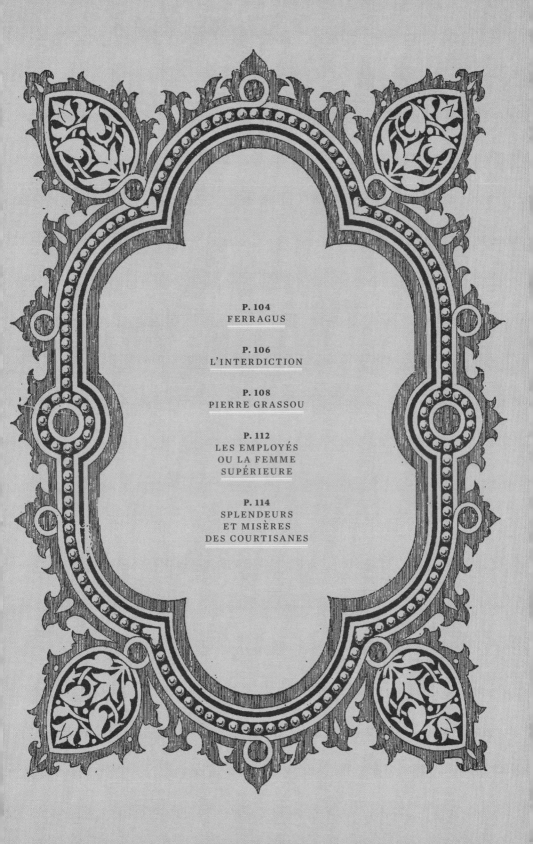

Ferragus

Monsieur et madame Jules forment un couple parfait, jusqu'au jour
où le mari surprend une conversation entre un officier de cavalerie et
sa femme, qui paraît très affectée de ce qu'elle vient d'entendre. Il nourrit alors
des premiers soupçons. Les Jules rentrent chez eux dans la chambre à coucher,
aménagée par madame Jules avec ce luxe qui seul convient à l'amour.

 Pour développer cette histoire dans toute la vérité de ses détails, pour en suivre le cours dans toutes ses sinuosités, il faut ici divulguer quelques secrets de l'amour, se glisser sous les lambris d'une chambre à coucher, non pas effrontément, mais à la manière de Trilby, n'effaroucher ni Dougal, ni Jeannie, n'effaroucher personne, être aussi chaste que veut l'être notre noble langue française, aussi hardi que l'a été le pinceau de **Gérard dans son tableau de *Daphnis et Chloé***. La chambre à coucher de madame Jules était un lieu sacré. Elle, son mari, sa femme de chambre pouvaient seuls y entrer. L'opulence a de beaux privilèges, et les plus enviables sont ceux qui permettent de développer les sentiments dans toute leur étendue, de les féconder par l'accomplissement de leurs mille caprices, de les environner de cet éclat qui les agrandit, de ces recherches qui les purifient, de ces délicatesses qui les rendent encore plus attrayants. Si vous haïssez les dîners sur l'herbe et les repas mal servis, si vous éprouvez quelque plaisir à voir une nappe damassée éblouissante de blancheur, un couvert de vermeil, des porcelaines d'une exquise pureté, une table bordée d'or, riche de ciselure, éclairée par des bougies diaphanes, puis, sous des globes d'argent armoriés, les miracles de la cuisine la plus recherchée ; pour être conséquent, vous devez alors laisser la mansarde en haut des maisons, les grisettes dans la rue ; abandonner les mansardes, les grisettes, les parapluies, les socques articulés aux gens qui payent leur dîner avec des cachets ; puis, vous devez comprendre l'amour comme un principe qui ne se développe dans toute sa grâce que sur les tapis de la Savonnerie, sous la lueur d'opale d'une lampe marmorine, entre des murailles discrètes et revêtues de soie, devant un foyer doré, dans une chambre sourde au bruit des voisins, de la rue, de tout, par des persiennes, par des volets, par d'ondoyants rideaux. Il vous faut des glaces dans lesquelles les formes se jouent, et qui répètent à l'infini la femme que l'on voudrait multiple, et que l'amour multiplie souvent ; puis des divans bien bas ; puis un lit qui, semblable à un secret, se laisse deviner sans être montré.

104

Ami de Balzac, le baron Gérard est connu pour ses portraits et quelques grands tableaux d'histoire. Inspiré de l'ironique pastorale du grec Longus, connue par la traduction de Paul-Louis Courier, ce « Daphnis et Chloé » trahit un érotisme rarement exprimé par Gérard (le « Psyché et l'Amour » du musée du Louvre est bien plus sage) mais qui n'a guère échappé à l'écrivain.

L'Interdiction

En 1828, la marquise d'Espard, l'une des reines du faubourg Saint-Germain,
tente de faire interdire son mari qu'elle accuse de dilapider ses biens
aux profits d'inconnus. Le dossier est confié au juge Popinot qui se rend
dans l'hôtel de la plaignante. Il y est reçu dans le superbe salon de madame
d'Espard qu'il trouve en compagnie de son beau-frère et du jeune Rastignac.

Il est de nos jours **un peintre, Decamps,** qui possède au plus haut degré l'art d'intéresser à ce qu'il représente à vos regards, que ce soit une pierre ou un homme. Sous ce rapport, son crayon est plus savant que son pinceau. Qu'il dessine une chambre nue et qu'il y laisse un balai sur la muraille ; s'il le veut, vous frémirez : vous croirez que ce balai vient d'être l'instrument d'un crime et qu'il est trempé de sang ; ce sera le balai dont s'est servie la veuve Bancal pour nettoyer la salle où Fualdès fut égorgé. Oui, le peintre ébouriffera le balai comme l'est un homme en colère, il en hérissera les brins comme si c'était vos cheveux frémissants ; il en fera comme un truchement entre la poésie secrète de son imagination et la poésie qui se déploiera dans la vôtre. Après vous avoir effrayé par la vue de ce balai, demain il en dessinera quelque autre auprès duquel un chat endormi, mais mystérieux dans son sommeil, vous affirmera que ce balai sert à la femme d'un cordonnier allemand pour se rendre au Broken. Ou bien ce sera quelque balai pacifique auquel il suspendra l'habit d'un employé au Trésor. Decamps a dans son pinceau ce que Paganini avait dans son archet, une puissance magnétiquement communicative. Eh bien ! il faudrait transporter dans le style ce génie saisissant, ce *chique* du crayon pour peindre l'homme droit, maigre et grand, vêtu de noir, à longs cheveux noirs, qui resta debout sans mot dire. Ce seigneur avait une figure à lame de couteau, froide, âpre, dont le teint ressemblait aux eaux de la Seine quand elle est trouble et qu'elle charrie les charbons de quelque bateau coulé. Il regardait à terre, écoutait et jugeait. Sa pose effrayait. Il était là comme le célèbre balai auquel Decamps a donné le pouvoir accusateur de révéler un crime. Parfois, la marquise essaya durant la conférence d'obtenir un avis tacite en arrêtant pendant un instant ses yeux sur ce personnage ; mais quelque vive que fût la muette interrogation, il demeura grave et raide, autant que la statue du Commandeur.

ALEXANDRE-GABRIEL DECAMPS
Intérieur de cour rustique à Fontainebleau
Vers 1844, huile sur bois, 78 × 56,5 cm. Coll. Musée d'Orsay, Paris.

*Decamps est l'un des premiers orientalistes, mais Balzac apprécie
surtout le peintre d'esprit, volontiers moqueur, presque caricaturiste,
dont Baudelaire a longuement souligné l'originalité.*

Pierre Grassou

Brave et honnête garçon, travailleur appliqué mais peintre sans talent,
Pierre Grassou ne sait que plagier les maîtres. Il persiste néanmoins
à suivre sa vocation. L'un de ses camarades d'atelier, touché par sa ténacité
et sa misère, intervient pour que l'une de ses œuvres soit présentée au Salon.

 Toutes les fois que vous êtes sérieusement allé voir l'Exposition
des ouvrages de sculpture et de peinture, comme elle a lieu depuis
la Révolution de 1830, n'avez-vous pas été pris d'un sentiment d'inquiétude,
d'ennui, de tristesse, à l'aspect des longues galeries encombrées ? Depuis
1830, le Salon n'existe plus. Une seconde fois, le Louvre a été pris d'assaut
par le peuple des artistes qui s'y est maintenu. En offrant autrefois l'élite
des œuvres d'art, le Salon emportait les plus grands honneurs pour les
créations qui y étaient exposées. Parmi les deux cents tableaux choisis,
le public choisissait encore : une couronne était décernée au chef-d'œuvre
par des mains inconnues. Il s'élevait des discussions passionnées
à propos d'une toile. Les injures prodiguées à Delacroix, à Ingres, n'ont pas
moins servi leur renommée que les éloges et le fanatisme de leurs
adhérents. Aujourd'hui, ni la foule ni la Critique ne se passionneront plus
pour les produits de ce bazar. Obligées de faire le choix dont se chargeait
autrefois le Jury d'examen, leur attention se lasse à ce travail ; et, quand
il est achevé, l'Exposition se ferme. Avant 1817, les tableaux admis
ne dépassaient jamais les deux premières colonnes de la longue galerie
où sont les œuvres des vieux maîtres, et cette année ils remplirent
tout cet espace, au grand étonnement du public. Le Genre historique,
le Genre proprement dit, les tableaux de chevalet, le Paysage, les Fleurs,
les Animaux, et l'Aquarelle, ces huit spécialités ne sauraient offrir
plus de vingt tableaux dignes des regards du public, qui ne peut accorder
son attention à une plus grande quantité d'œuvres. Plus le nombre
des artistes allait croissant, plus le Jury d'admission devait se montrer
difficile. Tout fut perdu dès que le Salon se continua dans la Galerie.
Le Salon devait rester un lieu déterminé, restreint, de proportions
inflexibles, où chaque Genre exposait ses chefs-d'œuvre. Une expérience
de dix ans a prouvé la bonté de l'ancienne institution. Au lieu d'un tournoi,
vous avez une émeute ; au lieu d'une Exposition glorieuse, vous avez un
tumultueux bazar ; au lieu du choix, vous avez la totalité. Qu'arrive-t-il ?
Le grand artiste y perd. *Le Café Turc, les Enfants à la fontaine,*

THÉODORE GÉRICAULT
Le Radeau de la Méduse
1819, huile sur toile, 491 × 716 cm. Coll. Musée du Louvre, Paris.

109

le Supplice des crochets, et *le Joseph* de Decamps eussent plus profité
à sa gloire, tous quatre dans le grand Salon, exposés avec les cent bons
tableaux de cette année, que ses vingt toiles perdues parmi trois mille
œuvres, confondues dans six galeries. Par une étrange bizarrerie,
depuis que la porte s'ouvre à tout le monde, on parle des génies méconnus.
Quand douze années auparavant, *la Courtisane* de Ingres et celles
de Sigalon, **la Méduse de Géricault**, **le Massacre de Scio de Delacroix**,
le Baptême d'Henri IV par Eugène Devéria, admis par des célébrités
taxées de jalousie, apprenaient au monde, malgré les dénégations
de la Critique, l'existence de palettes jeunes et ardentes, il ne s'élevait
aucune plainte. Maintenant que le moindre gâcheur de toile peut envoyer
son œuvre, il n'est question que de gens incompris. Là où il n'y a plus
jugement, il n'y a plus de chose jugée. Quoi que fassent les artistes,
ils reviendront à l'examen qui recommande leurs œuvres aux
admirations de la foule pour laquelle ils travaillent : sans le choix
de l'Académie, il n'y aura plus de Salon, et sans Salon l'Art peut périr.

EUGÈNE DEVÉRIA
Naissance d'Henri IV
(château de Pau,
le 13 décembre 1533)
1827, huile sur toile,
484 × 392 cm. Coll. Musée
du Louvre, Paris.

Eugène Delacroix
Scène de massacres de Scio :
familles grecques attendant la mort ou l'esclavage
1824, huile sur toile, 419 × 354 cm. Coll. Musée du Louvre, Paris.

En opposant Delacroix au médiocre Pierre Grassou, ou le Salon de 1824 à ceux
de la fin des années 1830, Balzac fustige l'absence de considération de ses contemporains
pour l'art comme pour les artistes, qu'ils soient peintres ou romanciers.

111

Les Employés ou la Femme supérieure

Deux camps s'opposent au sein d'une administration ministérielle
à propos du remplacement du chef de division. Les uns penchent pour
Xavier Rabourdin qui mérite vraiment cette place, les autres soutiennent
l'incapable Isidore Baudoyer. Commis rédacteur, Phellion est l'un de
ces employés dont Balzac analyse les ridicules avec une férocité jubilatoire.

 Monsieur Phellion recevait le jeudi soir, après le coucher des pensionnaires, il donnait de la bière et des gâteaux. On jouait la bouillotte à cinq sous la cave. Malgré cette médiocre mise, par certains jeudis enragés, M. Laudigeois, employé à la mairie, perdait ses dix francs. Tendu de papier vert américain à bordures rouges, ce salon était décoré des portraits du Roi, de la Dauphine et de Madame, des deux gravures de **Mazeppa d'après Horace Vernet,** de celle du Convoi du pauvre d'après Vigneron, «tableau sublime de pensée, et qui, selon Phellion, devait consoler les dernières classes de la société en leur prouvant qu'elles avaient des amis plus dévoués que les hommes et dont les sentiments allaient plus loin que la tombe!» À ces paroles, vous devinez l'homme qui tous les ans conduisait, le jour des morts, au cimetière de l'Ouest ses trois enfants auxquels il montrait les vingt mètres de terre achetés à perpétuité, dans lesquels son père et la mère de sa femme avaient été enterrés. «Nous y viendrons tous», leur disait-il pour les familiariser avec l'idée de la mort. L'un de ses plus grands plaisirs consistait à explorer les environs de Paris, il s'en était donné la carte. Possédant déjà à fond Antony, Arcueil, Bièvre, Fontenay-aux-Roses, Aulnay, si célèbre par le séjour de plusieurs grands écrivains, il espérait avec le temps connaître toute la partie ouest des environs de Paris. Il destinait son fils aîné à l'administration et le second à l'École Polytechnique. Il disait souvent à son aîné : «Quand tu auras l'honneur d'être employé par le Gouvernement!» mais il lui soupçonnait une vocation pour les sciences exactes qu'il essayait de réprimer, en se réservant de l'abandonner à lui-même, s'il y persistait.

Mazeppa aux loups

1826, huile sur toile, 100 × 130 cm. Coll. Musée Calvet, Avignon.

*Balzac ne critique pas la peinture d'Horace Vernet, mais le conformisme
et la sensiblerie des petits bourgeois émus par le « Convoi du pauvre »
(seul un chien suit le corbillard à son entrée dans le cimetière) ou frémissant
devant le supplice de Mazeppa – un noble ukrainien condamné pour adultère,
histoire popularisée par lord Byron et à laquelle Honoré de Balzac,
amant de la Polonaise Ève Hanska, a dû être particulièrement sensible.*

Splendeurs et misères des courtisanes

En 1824, au bal de l'Opéra – célèbre bal masqué alors organisé en période de carnaval –, plusieurs hommes sont frappés par l'allure divine d'une jeune femme accompagnant Lucien de Rubempré, et qui offre le plus émouvant des spectacles : celui d'une femme animée par un véritable amour.

 [...] cette créature était une admirable création, l'éclair des rêves heureux. Ces vieux jeunes gens, aussi bien que ces jeunes vieillards, éprouvèrent une sensation si vive qu'ils envièrent à Lucien le privilège sublime de cette métamorphose de la femme en déesse. Le masque était là comme s'il eût été seul avec Lucien, il n'y avait plus pour cette femme dix mille personnes, une atmosphère lourde et pleine de poussière ; non ; elle était sous la voûte céleste des Amours, comme les madones de Raphaël sont sous leur ovale filet d'or. Elle ne sentait point les coudoiements, la flamme de son regard partait par les deux trous du masque et se ralliait aux yeux de Lucien, enfin le frémissement de son corps semblait avoir pour principe le mouvement même de son ami. D'où vient cette flamme qui rayonne autour d'une femme amoureuse et qui la signale entre toutes ? D'où vient cette légèreté de sylphide qui semble changer les lois de la pesanteur ? Est-ce l'âme qui s'échappe ? Le bonheur a-t-il des vertus physiques ? L'ingénuité d'une vierge, les grâces de l'enfance se trahissaient sous le domino. Quoique séparés et marchant, ces deux êtres ressemblaient à ces groupes de Flore et Zéphyr savamment enlacés par les plus habiles statuaires, mais c'était plus que de la sculpture, le plus grand des arts, Lucien et son joli domino rappelaient ces anges occupés de fleurs ou d'oiseaux, et que **le pinceau de Gian-Bellini [Giovanni Bellini] a mis sous les images de la Virginité-mère ;** Lucien et cette femme appartenaient à la Fantaisie, qui est au-dessus de l'Art comme la cause est au-dessus de l'effet.

GIOVANNI BELLINI
Triptyque des Frari
La Vierge et l'Enfant Jésus
[Panneau central] 1488.
Coll. Basilique Santa Maria dei Frari, Venise.

Splendeurs et misères des courtisanes

*Vautrin a entrepris de donner des manières et un rudiment d'éducation
à la belle Esther qu'il a sortie de la prostitution. Celle-ci aime Lucien de
Rubempré qui, tout à son ascension sociale, veille à ne pas être vu avec une
courtisane. Elle vit donc cloîtrée et ne se promène que la nuit. Un soir d'août,
le riche banquier Nucingen aperçoit la jeune femme dans le bois de Vincennes.*

 Cet amour venait de fondre sur lui comme un aigle sur sa proie,
comme il fondit sur Gentz, le confident de S. A. le prince de Metternich.
On sait toutes les sottises que ce vieux diplomate fit pour Fanny Elssler
dont les répétitions l'occupaient beaucoup plus que les intérêts européens.
La femme qui venait de bouleverser cette caisse doublée de fer, appelée
Nucingen, lui était apparue comme une de ces femmes uniques dans
une génération. Il n'est pas sûr que la maîtresse du Titien, que la Monna Lisa
de Léonard de Vinci, que **la Fornarina de Raphaël** fussent aussi belles que
la sublime Esther, en qui l'œil le plus exercé du Parisien le plus observateur
n'aurait pu reconnaître le moindre vestige qui rappelât la courtisane.
Aussi le baron fut-il surtout étourdi par cet air de femme noble et grande
qu'Esther, aimée, environnée de luxe, d'élégance et d'amour avait
au plus haut degré. L'amour heureux est la Sainte-Ampoule des femmes,
elles deviennent toutes alors fières comme des impératrices. Le baron alla,
pendant huit nuits de suite, au bois de Vincennes, puis au bois de Boulogne,
puis dans les bois de Ville-d'Avray, puis dans le bois de Meudon
enfin dans tous les environs de Paris, sans pouvoir rencontrer Esther.

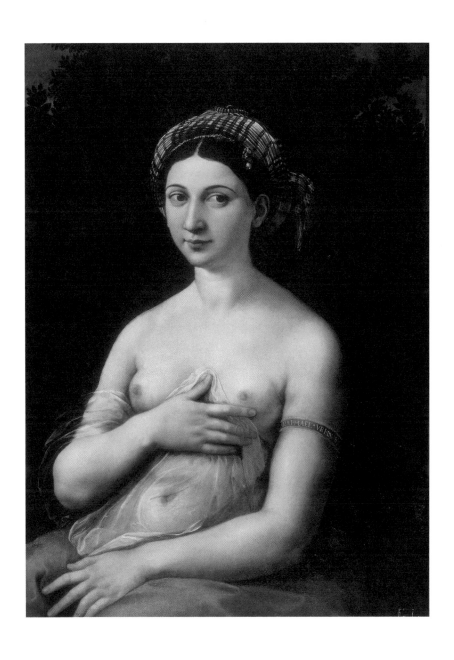

RAPHAËL
Portrait de la Fornarina
1518-1519, huile sur bois, 85 × 60 cm.
Coll. Palais Barberini, musée d'Art antique, Rome.

117

ÉTUDES

PHILOSOPHIQUES

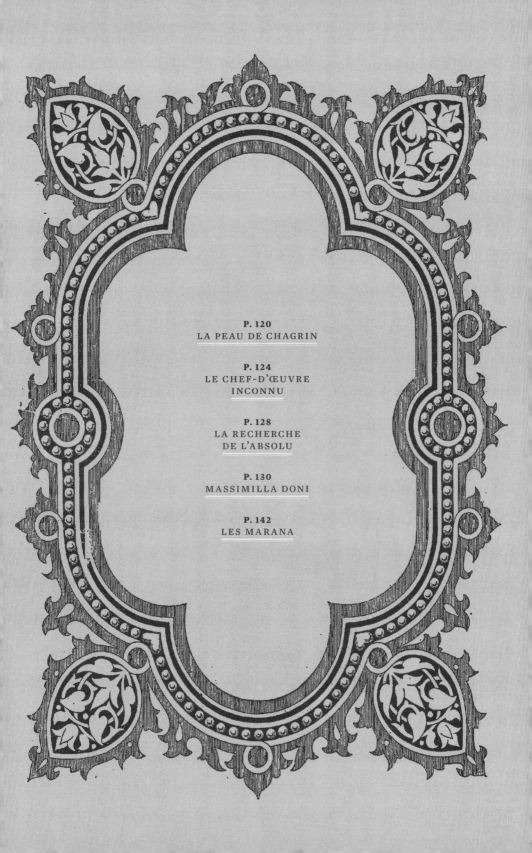

La Peau de chagrin

Malgré son travail, Raphaël de Valentin ne connaît que la misère,
et son amour pour la belle Fœdora se heurte à une inexorable froideur.
Désespéré, il décide de mettre fin à ses jours et, pour attendre la nuit
favorable à une disparition rapide, il pénètre dans un magasin
d'antiquités où il se perd dans des pensées fantasmagoriques.
Il en est brusquement tiré par l'arrivée d'un singulier personnage.

 Figurez-vous un petit vieillard sec et maigre, vêtu d'une robe en velours
noir, serrée autour de ses reins par un gros cordon de soie. Sur sa tête,
une calotte en velours également noir laissait passer, de chaque côté
de la figure, les longues mèches de ses cheveux blancs et s'appliquait
sur le crâne de manière à rigidement encadrer le front. La robe ensevelissait
le corps comme dans un vaste linceul, et ne permettait de voir d'autre
forme humaine qu'un visage étroit et pâle. Sans le bras décharné,
qui ressemblait à un bâton sur lequel on aurait posé une étoffe et que
le vieillard tenait en l'air pour faire porter sur le jeune homme toute la clarté
de la lampe, ce visage aurait paru suspendu dans les airs. Une barbe grise
et taillée en pointe cachait le menton de cet être bizarre, et lui donnait
l'apparence de ces têtes judaïques qui servent de types aux artistes
quand ils veulent représenter Moïse. Les lèvres de cet homme étaient si
décolorées, si minces, qu'il fallait une attention particulière pour deviner
la ligne tracée par la bouche dans son blanc visage. Son large front ridé,
ses joues blêmes et creuses, la rigueur implacable de ses petits yeux verts,
dénués de cils et de sourcils, pouvaient faire croire à l'inconnu
que *Le Peseur d'or* de **Gérard Dow [Dou]** était sorti de son cadre.
Une finesse d'inquisiteur, trahie par les sinuosités de ses rides et par les plis
circulaires dessinés sur ses tempes, accusait une science profonde des choses
de la vie. Il était impossible de tromper cet homme qui semblait avoir
le don de surprendre les pensées au fond des cœurs les plus discrets.
Les mœurs de toutes les nations du globe et leurs sagesses se résumaient sur
sa face froide, comme les productions du monde entier se trouvaient accumulées
dans ses magasins poudreux ; vous y auriez lu la tranquillité lucide
d'un Dieu qui voit tout, ou la force orgueilleuse d'un homme qui a tout vu.

GÉRARD DOU
Le Peseur d'or
1664, huile sur bois, 28,5 × 225 cm. Coll. Musée du Louvre, Paris.

121

La Peau de chagrin

*Sorti du magasin avec un mystérieux talisman qui réalise les vœux
mais rétrécit à chaque désir exaucé, et dont la surface mesure la vie,
Raphaël rencontre des amis qui l'invitent à un festin. Après le café, il leur
raconte sa difficile jeunesse, les années d'ascèse à Paris, et sa rencontre
avec la comtesse russe Fœdora qui lui inspire un amour foudroyant.*

 Je ne sais pas bien ce que nous appelons, en poésie ou dans la conversation,
amour ; mais le sentiment qui se développa tout à coup dans ma double
nature, je ne l'ai trouvé peint nulle part : ni dans les phrases rhétoriques
et apprêtées de J.-J. Rousseau, de qui j'occupais peut-être le logis,
ni dans les froides conceptions de nos deux siècles littéraires, ni dans
les tableaux de l'Italie. La vue du lac de Brienne, quelques motifs de Rossini,
la Madone de Murillo, que possède le maréchal Soult, les lettres
de la Lescombat, certains mots épars dans les recueils d'anecdotes,
mais surtout les prières des extatiques et quelques passages de nos fabliaux,
ont pu seuls me transporter dans les divines régions de mon premier amour.
Rien dans les langages humains, aucune traduction de la pensée faite
à l'aide des couleurs, des marbres, des mots ou des sons, ne saurait rendre
le nerf, la vérité, le fini, la soudaineté du sentiment dans l'âme !
Oui ! qui dit art, dit mensonge.

Le Chef-d'œuvre inconnu

Frenhofer refuse de montrer son chef-d'œuvre, le portrait d'une femme sur lequel il travaille depuis dix ans et dont il a su rendre la vie : sa «Catherine Lescault». Après avoir décrit les moyens utilisés pour allier dessin et couleur afin de concurrencer la nature, il plonge dans une profonde rêverie. «Le voilà en conversation avec son esprit», murmure alors Pourbus à Poussin.

 À ce mot, Nicolas Poussin se sentit sous la puissance d'une inexplicable curiosité d'artiste. Ce vieillard aux yeux blancs, attentif et stupide, devenu pour lui plus qu'un homme, lui apparut comme un génie fantasque qui vivait dans une sphère inconnue. Il réveillait mille idées confuses en l'âme. Le phénomène moral de cette espèce de fascination ne peut pas plus se définir qu'on ne peut traduire l'émotion excitée par un chant qui rappelle la patrie au cœur de l'exilé. Le mépris que ce vieil homme affectait d'exprimer pour les belles tentatives de l'art, sa richesse, ses manières, les déférences de Porbus pour lui, cette œuvre tenue si longtemps secrète, œuvre de patience, œuvre de génie sans doute, s'il fallait en croire la tête de vierge que le jeune Poussin avait si franchement admirée, et qui belle encore, même près de **l'Adam de Mabuse**, attestait le faire impérial d'un des princes de l'art ; tout en ce vieillard allait au-delà des bornes de la nature humaine. Ce que la riche imagination de Nicolas Poussin put saisir de clair et de perceptible en voyant cet être surnaturel, était une complète image de la nature artiste, de cette nature folle à laquelle tant de pouvoirs sont confiés, et qui trop souvent en abuse, emmenant la froide raison, les bourgeois et même quelques amateurs, à travers mille routes pierreuses, où, pour eux, il n'y a rien ; tandis que folâtre en ses fantaisies, cette fille aux ailes blanches y découvre des épopées, des châteaux, des œuvres d'art. Nature moqueuse et bonne, féconde et pauvre ! Ainsi, pour l'enthousiaste Poussin, ce vieillard était devenu, par une transfiguration subite, l'Art lui-même, l'art avec ses secrets, ses fougues et ses rêveries.

Le Chef-d'œuvre inconnu

Frenhofer a besoin d'un modèle irréprochable pour être certain
d'avoir restitué la nature divine. Poussin propose de lui confier Gillette,
sa belle maîtresse, à condition que le peintre lui montre son tableau.
Frenhofer commence par refuser, amoureux de son œuvre plus
que d'une vraie femme, mais la beauté de Gillette le convainc d'accepter.

 Nicolas Poussin était sombre, et sa parole fut terrible. Cette attitude
et surtout le geste du jeune peintre consolèrent Gillette qui lui pardonna
presque de la sacrifier à la peinture et à son glorieux avenir. Pourbus
et Poussin restèrent à la porte de l'atelier, se regardant l'un l'autre en silence.
Si, d'abord, le peintre de **la Marie égyptienne** se permit quelques
exclamations : — Ah ! elle se déshabille, il lui dit de se mettre au jour !
Il la compare ! Bientôt il se tut à l'aspect du Poussin dont le visage était
profondément triste ; et, quoique les vieux peintres n'aient plus de ces
scrupules si petits en présence de l'art, il les admira tant ils étaient naïfs
et jolis. Le jeune homme avait la main sur la garde de sa dague et l'oreille
presque collée à la porte. Tous deux, dans l'ombre et debout, ressemblaient
ainsi à deux conspirateurs attendant l'heure de frapper un tyran.

Philippe de Champaigne
La Madeleine pénitente
1648, huile sur toile, 115 × 87 cm. Coll. The Museum of Fine Arts, Houston.

*La Marie égyptienne de Frans Pourbus est essentielle dans le récit de Balzac
puisqu'il s'agit d'une œuvre achevée par Frenhofer qui lui insuffle ainsi la vie.
Mais tout laisse à penser que le tableau n'existe que sous la plume de Balzac
qui aurait attribué à Pourbus une création de Philippe de Champaigne. À noter que
Marie Madeleine et la Marie égyptienne sont souvent confondues dans la littérature.*

La Recherche de l'Absolu

Ancienne famille de la grande bourgeoisie des Pays-Bas, les Claës occupent à Douai, depuis le Moyen Âge, une grande et belle maison où l'esprit de la vieille Flandre respire tout entier. Mais la sérénité de traditions anciennes et respectables est menacée par la passion de Balthazar Claës pour la chimie, et sa recherche de l'Absolu, inaccessible et fantastique principe unitaire de la matière.

 Les parois étaient tapissées de cuir violet sur lequel avaient été imprimés, en traits d'or, des sujets de chasse. Au-dessus des dressoirs, çà et là, brillaient soigneusement disposés des plumes d'oiseaux curieux et des coquillages rares. Les chaises n'avaient pas été changées depuis le commencement du seizième siècle et offraient cette forme carrée, ces colonnes torses, et ce petit dossier garni d'une étoffe à franges dont la mode fut si répandue que **Raphaël l'a illustrée dans son tableau appelé la *Vierge à la chaise*.** Le bois en était devenu noir, mais les clous dorés reluisaient comme s'ils eussent été neufs, et les étoffes soigneusement renouvelées étaient d'une couleur rouge admirable. La Flandre revivait là tout entière avec ses innovations espagnoles. Sur la table, les carafes, les flacons avaient cet air respectable que leur donnent les ventres arrondis du galbe antique. Les verres étaient bien ces vieux verres hauts sur patte qui se voient dans tous les tableaux de l'école hollandaise ou flamande. La vaisselle en grès et ornée de figures coloriées à la manière de Bernard de Palissy, sortait de la fabrique anglaise de Wedgwood. L'argenterie était massive, à pans carrés, à bosses pleines, véritable argenterie de famille dont les pièces, toutes différentes de ciselure, de mode, de forme, attestaient les commencements du bien-être et les progrès de la fortune des Claës. Les serviettes avaient des franges, mode tout espagnole. Quant au linge, chacun doit penser que chez les Claës, le point d'honneur consistait à en posséder de magnifique.

RAPHAËL
Vierge à la chaise
1514, huile sur bois, diam. 71 cm.
Coll. Palais Pitti, Galerie Palatine, Florence.

Massimilla Doni

Emilio, prince vénitien ruiné, est tellement épris de Massimilla Doni
qu'il ne peut que l'aimer idéalement. Le palais de ses ancêtres ayant
inexplicablement retrouvé sa vie et son décor, il y pénètre et s'y endort.
C'est alors que le duc de Cataneo qui avait loué les lieux pour y loger
sa maîtresse, Clarina Tinti, le trouve. Le duc exprime si brutalement
sa jalousie, que la Tinti lui intime de partir. Elle reste seule avec Emilio.

 La Tinti, de qui le nom a tant de ressemblance avec celui que se forgea
la cantatrice française, avait dix-sept ans, et le pauvre prince
en avait vingt-trois. Quelle main rieuse s'était plu à jeter ainsi le feu si près
de la poudre ? Une chambre embaumée, vêtue de soie incarnadine,
brillant de bougies, un lit de dentelles, un palais silencieux, Venise !
deux jeunesses, deux beautés ! tous les fastes réunis. Emilio prit son pantalon,
sauta hors du lit, se sauva dans le cabinet de toilette, se rhabilla,
revint, et se dirigea précipitamment vers la porte.
Voici ce qu'il s'était dit en reprenant ses vêtements : « — Massimilla,
chère fille des Doni chez lesquels la beauté de l'Italie s'est héréditairement
conservée, toi qui ne démens pas **le portrait de Margherita, l'une des**
rares toiles entièrement peintes par Raphaël pour sa gloire ! ma belle
et sainte maîtresse, ne sera-ce pas te mériter que de me sauver de ce gouffre
de fleurs ? serais-je digne de toi si je profanais un cœur tout à toi ? Non,
je ne tomberai pas dans le piège vulgaire que me tendent mes sens révoltés.
À cette fille son duc, à moi ma duchesse ! » Au moment où il soulevait
la portière, il entendit un gémissement. Cet héroïque amant se retourna,
vit la Tinti qui, prosternée la face sur le lit, y étouffait ses sanglots.
Le croirez-vous ? la cantatrice était plus belle à genoux, la figure cachée,
que confuse et le visage étincelant. Ses cheveux dénoués sur ses épaules,
sa pose de Madeleine, le désordre de ses vêtements déchirés, tout avait été
composé par le diable, qui, vous le savez, est un grand coloriste.
Le prince prit par la taille cette pauvre Tinti, qui lui échappa comme
une couleuvre, et qui se roula autour d'un de ses pieds que pressa mollement
une chair adorable.

RAPHAËL
Portrait de Maddalena Doni
1506, huile sur bois, 63 × 45 cm. Coll. Palais Pitti, Galerie Palatine, Florence.

La beauté du personnage de Massimilla tiendrait à la fois de la sainte Cécile
de Raphaël mais aussi de Maddalena Doni, dite « Margherita » par Balzac.
Ce célèbre portrait de Raphaël représente la femme d'un riche florentin.

Massimilla Doni

*Emilio part retrouver des amis au café Florian : après quelques moqueries
fines sur lord Byron, les Vénitiens s'interrogent sur l'attachement
de Cataneo pour la Tinti, évoquent la conversation de Massimilla
avec un médecin français, les débuts du ténor Genovese, et la discussion
devient passionnément musicale.*

 Genovese, disait-il, ira fort loin. Je ne sais s'il comprend la destination
de la musique ou s'il agit par instinct, mais voici le premier chanteur
qui m'ait satisfait. Je ne mourrai donc pas sans avoir entendu des roulades
exécutées comme j'en ai souvent écouté dans certains songes au réveil
desquels il me semblait voir voltiger les sons dans les airs. La roulade
est la plus haute expression de l'art, c'est l'arabesque qui orne le plus bel
appartement du logis : un peu moins, il n'y a rien ; un peu plus, tout est confus.
Chargée de réveiller dans votre âme mille idées endormies, elle s'élance,
elle traverse l'espace en semant dans l'air ses germes qui, ramassés
par les oreilles, fleurissent au fond du cœur.
Croyez-moi, en faisant sa **sainte Cécile, Raphaël** a donné la priorité
à la musique sur la poésie. Il a raison : la musique s'adresse au cœur,
tandis que les écrits ne s'adressent qu'à l'intelligence ; elle communique
immédiatement ses idées à la manière des parfums.
La voix du chanteur vient frapper en nous non pas la pensée,
non pas les souvenirs de nos félicités, mais les éléments de la pensée,
et fait mouvoir les principes mêmes de nos sensations. Il est déplorable
que le vulgaire ait forcé les musiciens à plaquer leurs expressions
sur des paroles, sur des intérêts factices ; mais il est vrai qu'ils ne seraient
plus compris par la foule. La roulade est donc l'unique point laissé
aux amis de la musique pure, aux amoureux de l'art tout nu.
En entendant ce soir la dernière cavatine, je me suis cru convié
par une belle fille qui par un seul regard m'a rendu jeune : l'enchanteresse
m'a mis une couronne sur la tête et m'a conduit à cette porte d'ivoire
par où l'on entre dans le pays mystérieux de la Rêverie.

Massimilla Doni

Emilio est revenu à la Tinti, ne pouvant résister à ses sens, et il s'en désespère.
Quant à Massimilla, elle ne comprend ni la douleur d'Emilio ni les raisons
qui l'empêchent de devenir pleinement son amant. Ils se retrouvent
à la Fenice pour écouter le Moïse de Rossini, et Massimilla explique
au médecin français cette musique en harmonie avec ses souffrances cachées.

Avec quel art ce grand peintre a su employer toutes les couleurs brunes
de la musique et tout ce qu'il y a de tristesse sur la palette musicale ?
Quelles froides ténèbres ! quelles brumes ! N'avez-vous pas l'âme en deuil ?
N'êtes-vous pas convaincu de la réalité des nuages noirs qui couvrent
la scène ? Pour vous, les ombres les plus épaisses n'enveloppent-elles pas
la nature ? Il n'y a ni palais égyptiens, ni palmiers, ni paysages.
Aussi quel bien ne vous feront-elles pas à l'âme, les notes profondément
religieuses du médecin céleste qui va guérir cette cruelle plaie ?
Comme tout est gradué pour arriver à cette magnifique invocation
de Moïse à Dieu ! Par un savant calcul dont les analogies vous seront
expliquées par Capraja, cette invocation n'est accompagnée que
par les cuivres. Ces instruments donnent à ce morceau sa grande
couleur religieuse. Non seulement cet artifice est admirable ici,
mais encore voyez combien le génie est fertile en ressources,
Rossini a tiré des beautés neuves de l'obstacle qu'il se créait.
Il a pu réserver les instruments à cordes pour exprimer le jour quand
il va succéder aux ténèbres, et arriver ainsi à l'un des plus puissants effets
connus en musique. Jusqu'à cet inimitable génie, avait-on jamais tiré
un pareil parti du récitatif ? il n'y a pas encore un air ni un duo.
Le poète s'est soutenu par la force de la pensée, par la vigueur
des images, par la vérité de sa déclamation. Cette scène de douleur,
cette nuit profonde, ces cris de désespoir, ce tableau musical,
est beau comme **Le Déluge de votre grand Poussin.**

NICOLAS POUSSIN
L'Hiver ou Le Déluge
1660-1664, huile sur toile, 118 × 160 cm.
Coll. Musée du Louvre, Paris.

Massimilla Doni

*Écartelé entre sa passion idéale pour Massimilla et ses sens qui le jettent
dans les bras de la Tinti, Emilio offre une horrible image du désespoir.
Ses amis le retrouvent au café Florian et le médecin français s'y fait
le chantre des désirs inassouvis.*

— Ce fou, dit en français le médecin à Vendramin, ne sait pas ce qu'il veut!
Il se rencontre au monde un homme qui peut séparer une Massimilla Doni
de toute la création, en la possédant dans le ciel, au milieu des pompes
idéales qu'aucune puissance ne peut réaliser ici-bas. Il peut voir sa maîtresse
toujours sublime et pure, toujours entendre en lui-même ce que nous
venons d'écouter au bord de la mer, toujours vivre sous le feu de deux yeux
qui lui font l'atmosphère chaude et dorée que **Titien a mise autour
de sa vierge dans son *Assomption*,** et que Raphaël le premier avait inventée,
après quelque révélation, pour le Christ transfiguré, et cet homme n'aspire
qu'à barbouiller cette poésie! Par mon ministère, il réunira son amour
sensuel et son amour céleste dans cette seule femme! Enfin il fera comme
nous tous, il aura une maîtresse. Il possédait une divinité, il en veut faire
une femelle! Je vous le dis, monsieur, il abdique le ciel. Je ne réponds pas
que plus tard il ne meure de désespoir. Ô figures féminines, finement
découpées par un ovale pur et lumineux, qui rappelez les créations où l'art
a lutté victorieusement avec la nature! Pieds divins qui ne pouvez
marcher, tailles sveltes qu'un souffle terrestre briserait, formes élancées
qui ne concevront jamais, vierges entrevues par nous au sortir de l'enfance,
admirées en secret, adorées sans espoir, enveloppées des rayons
de quelque désir infatigable, vous qu'on ne revoit plus, mais dont le sourire
domine toute notre existence, quel pourceau d'Épicure a jamais voulu
vous plonger dans la fange de la terre! Eh! monsieur, le soleil ne rayonne
sur la terre et ne l'échauffe que parce qu'il est à trente-trois millions
de lieues; allez auprès, la science vous avertit qu'il n'est ni chaud ni lumineux,
car la science sert à quelque chose, ajouta-t-il en regardant Capraja.
— Pas mal pour un médecin français! dit Capraja en frappant un petit coup
de main sur l'épaule de l'étranger.

Massimilla Doni

Les amis d'Emilio parviennent à convaincre la Tinti de quitter sa chambre et de laisser Massimilla Doni prendre sa place. Emilio ainsi dupé passe la plus heureuse des nuits et se réveille dans les bras de Massimilla, guéri de son idéalisation maladive de l'amour.

L'auteur n'ose pas dire le dénouement de cette aventure, il est trop horriblement bourgeois. Un mot suffira pour les adorateurs de l'idéal. La duchesse était grosse !

Les péris, les ondines, les fées, les sylphides du vieux temps, les muses de la Grèce, les vierges de marbre de la Certosa da Pavia, le Jour et la Nuit de Michel-Ange, **les petits anges que Bellini** le premier mit au bas des tableaux d'église, et que **Raphaël a faits si divinement au bas de la *Vierge au donataire*,** et de la madone qui gèle à Dresde, **les délicieuses filles d'Orcagna,** dans l'église de San-Michele à Florence, les chœurs célestes du tombeau de saint Sébald à Nuremberg, quelques vierges du Duomo de Milan, les peuplades de cent cathédrales gothiques, tout le peuple des figures qui brisent leur forme pour venir à vous, artistes compréhensifs, toutes ces angéliques filles incorporelles accoururent autour du lit de Massimilla, et y pleurèrent !

GIOVANNI **B**ELLINI
Retable de San Giobbe : la Vierge et l'Enfant entre des saints et anges
Vers 1487, huile sur bois, 471 × 258 cm. Coll. Galerie de l'Académie, Venise.

139

RAPHAËL
La Vierge de Foligno
1513-1514, huile sur toile, 308 × 198 cm.
Coll. Musées du Vatican.

ANDREA ORCAGNA
Jugement dernier
[Détail] 1354-1357, fresque.
Coll. Basilique Santa Maria Novella, Florence.

141

Les Marana

*Lors de la prise de Tarragone par le maréchal Suchet, on déplora quelques
pillages dus à un régiment d'énergiques Italiens qui avaient obtenu
le privilège de monter les premiers à l'assaut de la ville. Ce régiment comptait
deux officiers sans grandes qualités humaines ou militaires, mais qui jouent
un rôle assez important dans l'histoire : le capitaine Montefiore
et le quartier-maître Pierre-François Diard.*

 Le premier, capitaine d'habillement, officier moitié militaire, moitié civil,
passait, en style soldatesque, pour *faire ses affaires.* Il se prétendait brave,
se vantait, dans le monde, d'appartenir au 6ᵉ de ligne, savait relever
sa moustache en homme prêt à tout briser ; mais ses camarades
ne l'estimaient point. Sa fortune le rendait prudent. Aussi l'avait-on,
pour deux raisons, surnommé le *capitaine des corbeaux.* D'abord, il sentait
la poudre d'une lieue, et fuyait les coups de fusil à tire-d'aile ; puis ce
sobriquet renfermait encore un innocent calembour militaire, que du reste
il méritait, et dont un autre se serait fait gloire. Le capitaine Montefiore,
de l'illustre famille des Montefiore de Milan, mais à qui les lois du royaume
d'Italie interdisaient de porter son titre, était un des plus jolis garçons
de l'armée. Cette beauté pouvait être une des causes occultes de sa prudence
aux jours de bataille. Une blessure qui lui eût déformé le nez, coupé
le front, ou couturé les joues, aurait détruit l'une des plus belles figures
italiennes de laquelle jamais femme ait rêveusement dessiné les proportions
délicates. Son visage, assez semblable au type qui a fourni le jeune Turc
mourant à **Girodet dans son tableau de la *Révolte du Caire,*** était un de ces
visages mélancoliques dont les femmes sont presque toujours les dupes.
Le marquis de Montefiore possédait des biens substitués, il avait engagé tous
les revenus pour un certain nombre d'années, afin de payer des escapades
italiennes qui ne se concevraient point à Paris. Il s'était ruiné à soutenir
un théâtre de Milan, pour imposer au public une mauvaise cantatrice qui,
disait-il, l'aimait à la folie. Le capitaine Montefiore avait donc un très bel
avenir, et ne se souciait pas de le jouer contre un méchant morceau de ruban
rouge. Si ce n'était pas un brave, c'était au moins un philosophe, et il avait
des précédents, s'il est permis de parler ici notre langage parlementaire.
Philippe II ne jura-t-il pas, à la bataille de Saint-Quentin, de ne plus
se retrouver au feu, excepté celui des bûchers de l'Inquisition.

Anne-Louis Girodet de Roussy-Trioson
Révolte du Caire, le 21 octobre 1798
1810, huile sur toile, 365 × 500 cm.
Coll. Châteaux de Versailles et de Trianon, Versailles.

Cette toile de Girodet figurait au musée de l'Histoire de France inauguré
à Versailles par Louis-Philippe en 1837, mais ce n'est pas là que Balzac l'a contemplée,
puisque « Ferragus » a été écrit antérieurement, en 1833. On notera que l'écrivain,
marqué par le romantisme, mentionne beaucoup plus volontiers les œuvres
du début du siècle que les grandes compositions historiques de ses contemporains.

Les Marana

Le capitaine Montefiore et le quartier-maître Diard sont tous deux
méprisés par les soldats, mais s'en consolent par l'entente dans le vice.
Le premier, débauché et libertin, espère épouser une fille de haute naissance ;
l'autre, calculateur et joueur, ramasse les œuvres d'art.

Montefiore et Diard se trouvèrent aux derniers rangs lors de l'assaut,
mais les plus avancés au cœur de la ville, dès qu'elle fut prise. Il arrive
de ces hasards dans les mêlées. Seulement, les deux amis étaient coutumiers
du fait. Se soutenant l'un l'autre, ils s'engagèrent bravement à travers
un labyrinthe de petites rues étroites et sombres, allant tous deux à leurs
affaires, l'un cherchant des madones peintes, l'autre des madones vivantes.
En je ne sais quel endroit de Tarragone, Diard reconnut à l'architecture
du porche un couvent dont la porte était enfoncée, et sauta dans le cloître
pour y arrêter la fureur des soldats. Il y arriva fort à propos, car il empêcha
deux Parisiens de fusiller une **Vierge de l'Albane** qu'il leur acheta,
malgré les moustaches dont l'avaient décorée les deux voltigeurs
par fanatisme militaire.
Montefiore, resté seul, aperçut en face du couvent la maison d'un marchand
de draperies d'où partit un coup de feu tiré sur lui, au moment où,
la regardant de haut en bas, il y fut arrêté par une foudroyante œillade
qu'il échangea vivement avec une jeune fille curieuse, dont la tête s'était
glissée dans le coin d'une jalousie. Tarragone prise d'assaut, Tarragone
en colère, faisant feu par toutes les croisées ; Tarragone violée, les cheveux
épars, à demi nue, ses rues flamboyantes, inondées de soldats français
tués ou tuant, valait bien un regard, le regard d'une Espagnole intrépide.

FRANCESCO ALBANI, DIT L'ALBANE
Tête de la Vierge
Vers 1640-1645, huile sur cuivre, 32 × 25,4 cm.
Coll. Musée des Beaux-Arts, Caen.

Les Marana

Montefiore obtient d'être logé chez le marchand de draperies et,
se faisant passer pour un ancien sujet d'Espagne persécuté par Napoléon,
est invité à partager le repas de la famille. Il finit par revoir la jeune fille,
cachée par ses hôtes dont elle est la pupille.

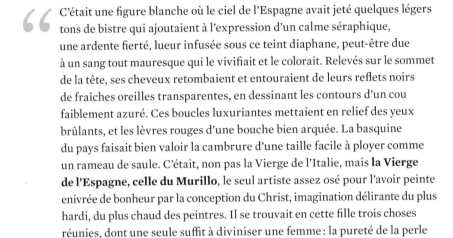

C'était une figure blanche où le ciel de l'Espagne avait jeté quelques légers
tons de bistre qui ajoutaient à l'expression d'un calme séraphique,
une ardente fierté, lueur infusée sous ce teint diaphane, peut-être due
à un sang tout mauresque qui le vivifiait et le colorait. Relevés sur le sommet
de la tête, ses cheveux retombaient et entouraient de leurs reflets noirs
de fraîches oreilles transparentes, en dessinant les contours d'un cou
faiblement azuré. Ces boucles luxuriantes mettaient en relief des yeux
brûlants, et les lèvres rouges d'une bouche bien arquée. La basquine
du pays faisait bien valoir la cambrure d'une taille facile à ployer comme
un rameau de saule. C'était, non pas la Vierge de l'Italie, mais **la Vierge
de l'Espagne, celle du Murillo**, le seul artiste assez osé pour l'avoir peinte
enivrée de bonheur par la conception du Christ, imagination délirante du plus
hardi, du plus chaud des peintres. Il se trouvait en cette fille trois choses
réunies, dont une seule suffit à diviniser une femme : la pureté de la perle
gisant au fond des mers, la sublime exaltation de la sainte Thérèse espagnole,
et la volupté qui s'ignore. Sa présence eut toute la vertu d'un talisman.

BARTOLOMÉ ESTEBAN MURILLO
La Vierge au chapelet
XVIIᵉ siècle, huile sur bois, 160 × 125 cm. Coll. Musée Goya, Castres.

ANALYTIQUES

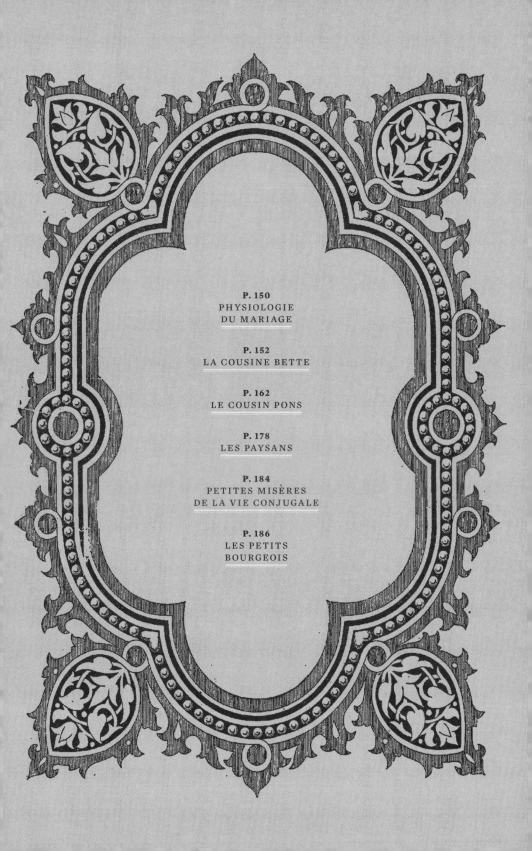

Physiologie du mariage

La Physiologie du mariage *est un original assemblage d'aphorismes,
de maximes, de courtes nouvelles et de discours. Balzac y traite
de l'échec conjugal, depuis le mariage jusqu'à l'arrivée de l'amant.
Plusieurs « méditations » destinées aux maris leur suggèrent des moyens
pour ne pas être trompés. Honoré de Balzac y aborde aussi la question
de l'instruction à donner aux filles.*

Aussi, à dix ans, si une petite fille a eu plus de finesse qu'un garçon à vingt, est-elle timide, gauche. Elle aura peur d'une araignée, dira des riens, pensera aux chiffons, parlera modes, et n'aura le courage d'être ni mère, ni chaste épouse.
Voici quelle marche on a suivie : on leur a montré à colorier des roses, à broder des fichus de manière à gagner huit sous par jour. Elles auront appris l'histoire de France dans le Ragois, la chronologie dans les *Tables du citoyen Chantreau*, et l'on aura laissé leur jeune imagination se déchaîner sur la géographie ; le tout, dans le but de ne rien présenter de dangereux à leur cœur ; mais en même temps leurs mères, leurs institutrices, répétaient d'une voix infatigable que toute la science d'une femme est dans la manière dont elle sait arranger cette feuille de figuier que prit notre mère Ève.
Elles n'ont entendu pendant quinze ans, disait Diderot, rien autre chose que :
— Ma fille, votre feuille de figuier va mal ; ma fille, votre feuille de figuier va bien ; ma fille, ne serait-elle pas mieux ainsi ?
Maintenez donc votre épouse dans cette belle et noble sphère de connaissances. Si par hasard votre femme voulait une bibliothèque, achetez-lui Florian, Malte-Brun, le Cabinet des Fées, *Les Mille et Une Nuits,* **Les Roses par Redouté**, les Usages de la Chine, *Les Pigeons* par madame Knip, le grand ouvrage sur l'Égypte, etc. Enfin, exécutez le spirituel avis de cette princesse qui, au récit d'une émeute occasionnée par la cherté du pain, disait :
« Que ne mangent-ils de la brioche !...»

PIERRE-JOSEPH REDOUTÉ
« Rosa centifolia », Rosier à cent feuilles
Extrait de *Les Roses* (tome 1), 1817, estampe.
Coll. Muséum national d'Histoire naturelle, bibliothèque centrale, Paris.

La Cousine Bette

Adeline Fischer, fille d'un laboureur des Vosges, est élevée chez son oncle
et sa cousine Élisabeth. C'est là qu'elle rencontre Hector Hulot d'Ervy,
ordonnateur en chef aux armées en Alsace. Protégé de l'Empereur, cet officier
est un très bel homme, féru de conquêtes féminines. Il est immédiatement
subjugué par la splendeur de la jeune femme.

 Adeline, alors âgée de seize ans, pouvait être comparée à la fameuse
madame du Barry, comme elle, fille de la Lorraine. C'était une
de ces beautés complètes, foudroyantes, une de ces femmes semblables
à madame Tallien, que la Nature fabrique avec un soin particulier ;
elle leur dispense ses plus précieux dons : la distinction, la noblesse,
la grâce, la finesse, l'élégance, une chair à part, un teint broyé dans
cet atelier inconnu où travaille le hasard. Ces belles femmes-là
se ressemblent toutes entre elles. **Bianca Capella [Capello] dont
le portrait est un des chefs-d'œuvre de Bronzino**, la Vénus de Jean
Goujon dont l'original est la fameuse Diane de Poitiers, la signora Olympia
dont le portrait est à la galerie Doria, enfin Ninon, madame du Barry,
madame Tallien, mademoiselle Georges, madame Récamier, toutes ces
femmes, restées belles en dépit des années, de leurs passions ou de leur vie
à plaisirs excessifs, ont dans la taille, dans la charpente, dans le caractère
de la beauté des similitudes frappantes, et à faire croire qu'il existe dans
l'océan des générations un courant aphrodisien d'où sortent toutes ces
Vénus, filles de la même onde salée !

ATELIER D'ALESSANDRO ALLORI
Portrait de Bianca Capello
Vers 1578-1587, huile sur bois, 62,8 × 54 cm.
Coll. Tokyo Fuji Art Museum, Tokyo.

*Cette Vénitienne, connue pour avoir inspiré une grande passion à François Ier
de Médicis, fut souvent représentée. Il est cependant difficile d'identifier
le tableau auquel Balzac fait référence. Si une œuvre de Bronzino, conservée
à la National Gallery de Londres, est souvent considérée comme un portrait
de la célèbre maîtresse, on en trouve aussi un autre exemple (aujourd'hui attribué
à Lavinia Fontana) au musée de Valenciennes. Alessandro Allori, fils adoptif
de Bronzino, a également réalisé plusieurs belles effigies de Bianca Capello.*

La Cousine Bette

La beauté d'Adeline lui permet d'épouser le baron Hulot et de devenir l'une des célébrités parisiennes. Généreuse, elle se souvient de sa cousine Élisabeth qu'elle fait venir à Paris pour lui donner un état, en attendant un mariage que la sauvagerie et l'absence de grâce de « Bette » ne facilitent guère.

 Au moment où cette scène commence, si la cousine Bette avait voulu se laisser habiller à la mode ; si elle s'était, comme les Parisiennes, habituée à porter chaque nouvelle mode, elle eût été présentable et acceptable ; mais elle gardait la roideur d'un bâton. Or, sans grâces, la femme n'existe point à Paris. Ainsi, la chevelure noire, les beaux yeux durs, la rigidité des lignes du visage, la sécheresse calabraise du teint qui faisaient de la cousine Bette **une figure du Giotto,** et desquels une vraie Parisienne eût tiré parti, sa mise étrange surtout, lui donnaient une si bizarre apparence, que parfois elle ressemblait aux singes habillés en femmes, promenés par les petits Savoyards. Comme elle était bien connue dans les maisons unies par les liens de famille où elle vivait, qu'elle restreignait ses évolutions sociales à ce cercle, qu'elle aimait son chez-soi, ses singularités n'étonnaient plus personne, et disparaissaient au dehors dans l'immense mouvement parisien de la rue, où l'on ne regarde que les jolies femmes.

Giotto
Histoire de Joachim : la rencontre à la Porte dorée
1304-1306, fresque, 200 × 185 cm.
Coll. Chapelle des Scrovegni, Padoue.

La Cousine Bette

Lors d'une discussion avec Hortense, la fille d'Adeline, la cousine Bette explique qu'elle a un amoureux, un beau et pauvre noble polonais officiant chez un ciseleur, et dont l'une des sculptures est présentée dans une boutique de bric-à-brac. Elle invite la jeune fille à montrer cette œuvre à son père, pour qu'il en parle à un ministre, ce qui lancerait le jeune artiste.

Sans les circonstances auxquelles elle en devait la connaissance, ce chef-d'œuvre eût vraisemblablement frappé la jeune fille par ce qu'il faut appeler le brio des grandes choses, elle qui, certes, aurait pu poser en Italie pour la statue du Brio. Toutes les œuvres des gens de génie n'ont pas au même degré ce brillant, cette splendeur visible à tous les yeux, même à ceux des ignorants. Ainsi, certains tableaux de Raphaël, tels que la célèbre *Transfiguration*, la *Madone de Foligno*, les fresques des *Stanze* au Vatican ne commanderont pas soudain l'admiration, comme le *Joueur de violon* de la galerie Sciarra, les portraits des Doni et **La Vision d'Ézéchiel de la galerie de Pitti,** le *Portement de croix* de la galerie Borghèse, **le *Mariage de la Vierge* du musée Bréra à Milan.** Le *Saint Jean-Baptiste* de la tribune, *Saint Luc peignant la Vierge* à l'Académie de Rome n'ont pas le charme du **Portrait de Léon X** et de la *Vierge* de Dresde. Néanmoins, tout est de la même valeur. Il y a plus ! les *Stanze*, la *Transfiguration*, les Camaïeux et les trois tableaux de chevalet du Vatican sont le dernier degré du sublime et de la perfection. Mais ces chefs-d'œuvre exigent de l'admirateur le plus instruit une sorte de tension, une étude pour être compris dans toutes leurs parties ; tandis que le *Violoniste*, le *Mariage de la Vierge*, *La Vision d'Ezéchiel* entrent d'eux-mêmes dans votre cœur par la double porte des yeux, et s'y font leur place ; vous aimez à les recevoir ainsi sans aucune peine ; ce n'est pas le comble de l'art, c'en est le bonheur. Ce fait prouve qu'il se rencontre dans la génération des œuvres artistiques les mêmes hasards de naissance que dans les familles où il y a des enfants heureusement doués, qui viennent beaux et sans faire de mal à leurs mères, à qui tout sourit, à qui tout réussit ; il y a enfin les fleurs du génie comme les fleurs de l'amour. Ce *brio,* mot italien intraduisible et que nous commençons à employer, est le caractère des premières œuvres. C'est le fruit de la pétulance et de la fougue intrépide du talent jeune, pétulance qui se retrouve plus tard dans certaines heures heureuses ; mais ce brio ne sort plus alors du cœur de l'artiste ; et, au lieu de le jeter dans ses œuvres comme un volcan lance

Raphaël est sans contexte l'artiste le plus admiré en France sous la monarchie
de Juillet. Il est aussi le plus souvent reproduit et nombre de copies de ses tableaux
religieux ornent les églises. Balzac s'essaie dans cet extrait à une distinction esthétique
entre différentes œuvres qu'il connaît bien, pour avoir largement parcouru l'Italie.

ses feux, il le subit, il le doit à des circonstances, à l'amour, à la rivalité, souvent à la haine, et plus encore aux commandements d'une gloire à soutenir. Le groupe de Wenceslas était à ses œuvres à venir ce qu'est *Le Mariage de la Vierge* à l'œuvre total de Raphaël, le premier pas du talent fait dans une grâce inimitable, avec l'entrain de l'enfance et son aimable plénitude, avec sa force cachée sous des chairs roses et blanches trouées par des fossettes qui font comme des échos aux rires de la mère. Le prince Eugène a, dit-on, payé quatre cent mille francs ce tableau qui vaudrait un million pour un pays privé de tableaux de Raphaël, et l'on ne donnerait pas cette somme pour la plus belle des fresques, dont cependant la valeur est bien supérieure comme art. Hortense contint son admiration en pensant à la somme de ses économies de jeune fille, elle prit un petit air indifférent et dit au marchand : — Quel est le prix de ça ?

RAPHAËL
Portrait de Léon X avec le Cardinal Luigi de Rossi et Guido de Médicis
Vers 1518-1519, huile sur panneau, 154 × 119 cm.
Coll. Galerie des Offices, Florence.

RAPHAËL
Le Mariage de la Vierge
1504, huile sur bois, 170 × 117 cm. Coll. Pinacothèque de Brera, Milan.

La Cousine Bette

Furieuse d'avoir été dépossédée de son amoureux par Hortense,
Bette ne cherche plus qu'à détruire sa famille. Elle encourage le libertinage
du baron Hulot dont les fantaisies coûtent si cher qu'il doit se livrer à des
opérations frauduleuses. Quand le scandale éclate, le baron Hulot disparaît.
Désespérée, son épouse se rend chez Josépha, ancienne maîtresse
de son mari, pour réclamer son aide.

 En examinant des jardinières pleines de fleurs exotiques les plus rares, garnies de bronzes ciselés et faits dans le genre dit de Boulle, la baronne fut effrayée de ce que cet appartement contenait de richesses. Nécessairement ce sentiment dut réagir sur la personne autour de qui ces profusions ruisselaient. Adeline pensa que Josépha Mirah, dont le portrait dû au pinceau de Joseph Bridau, brillait dans le boudoir voisin, était une cantatrice de génie, une Malibran, et elle s'attendit à voir une vraie lionne. Elle regretta d'être venue. Mais elle était poussée par un sentiment si puissant, si naturel, par un dévouement si peu calculateur, qu'elle rassembla son courage pour soutenir cette entrevue. Puis, elle allait satisfaire cette curiosité, qui la poignait, d'étudier le charme que possédaient ces sortes de femmes, pour extraire tant d'or des gisements avares du sol parisien.
La baronne se regarda pour savoir si elle ne faisait pas tache dans ce luxe ; mais elle portait bien sa robe en velours à guimpe, sur laquelle s'étalait une belle collerette en magnifique dentelle ; son chapeau de velours en même couleur lui seyait. En se voyant encore imposante comme une reine, toujours reine même quand elle est détruite, elle pensa que la noblesse du malheur valait la noblesse du talent. Après avoir entendu ouvrir et fermer des portes, elle aperçut enfin Josépha. **La cantatrice ressemblait à la Judith d'Alloris [Allori]**, gravée dans le souvenir de tous ceux qui l'ont vue dans le palais Pitti, auprès de la porte d'un grand salon : même fierté de pose, même visage sublime, des cheveux noirs tordus sans apprêt, et une robe de chambre jaune à mille fleurs brodées, absolument semblable au brocart dont est habillée **l'immortelle homicide créée par le neveu du Bronzino.**

Judith et Holopherne
Vers 1580, huile sur toile, 139 × 116 cm. Coll. Palais Pitti, Galerie Palatine, Florence.

Contrairement à ce qu'écrit Balzac, Cristofano Allori n'est pas le neveu
d'Agnolo di Cosimo, dit « il Bronzino », mais le fils d'Alessandro Allori, fils adoptif
et élève du Bronzino, et qui, en hommage, avait repris son surnom.

Le Cousin Pons

La laideur et l'allure ridicule de Sylvain Pons ne permettent pas d'imaginer
au passant qu'il croise un artiste, Grand Prix de Rome, auteur de la première
cantate couronnée à l'Institut. Pons a appris à Rome le goût des œuvres d'art.
En 1844, le musicien est oublié, lui-même a négligé l'étude de l'harmonie
et ne peut aborder l'orchestration moderne.

 Enfin, il trouva dans les plaisirs du collectionneur de si vives compensations
à la faillite de la gloire, que s'il lui eût fallu choisir entre la possession
de ses curiosités et le nom de Rossini, le croirait-on ? Pons aurait opté pour
son cher cabinet. Le vieux musicien pratiquait l'axiome de Chenavard,
le savant collectionneur de gravures précieuses, qui prétend qu'on ne peut
avoir de plaisir à regarder un Ruysdael, un Hobbema, un Holbein,
un Raphaël, un Murillo, **un Greuze,** un Sébastien del Piombo, un Giorgione,
un Albert Durer, qu'autant que le tableau n'a coûté que cinquante francs.
Pons n'admettait pas d'acquisition au-dessus de cent francs ; et, pour
qu'il payât un objet cinquante francs, cet objet devait en valoir trois mille.
La plus belle chose du monde, qui coûtait trois cents francs, n'existait plus
pour lui. Rares avaient été les occasions, mais il possédait les trois éléments
du succès : les jambes du cerf, le temps des flâneurs et la patience de l'israélite.

JEAN-BAPTISTE GREUZE
La Cruche cassée
1771, huile sur toile, 109 × 87 cm. Coll. Musée du Louvre, Paris.

Le Cousin Pons

*Pons partage l'étage d'un ancien hôtel de la rue de Normandie avec
le musicien allemand Schmucke. Les deux amis confient aux concierges
de la maison le soin de faire leur ménage, leurs courses et dîners.
La confiance marquée envers les Cibot et le surcroît de recettes que
leur apporte ce système créent de forts liens domestiques, aussi Pons
et Schmucke sont-ils admirablement servis.*

 Madame Cibot, ancienne belle écaillère, avait quitté son poste
au Cadran-Bleu par amour pour Cibot, à l'âge de vingt-huit ans, après
toutes les aventures qu'une belle écaillère rencontre sans les chercher.
La beauté des femmes du peuple dure peu, surtout quand elles restent
en espalier à la porte d'un restaurant. Les chauds rayons de la cuisine
se projettent sur les traits qui durcissent, les restes de bouteilles bus
en compagnie des garçons s'infiltrent dans le teint, et nulle fleur ne mûrit
plus vite que celle d'une belle écaillère. Heureusement pour madame Cibot,
le mariage légitime et la vie de concierge arrivèrent à temps pour
la conserver ; **elle demeura comme un modèle de Rubens,** en gardant
une beauté virile que ses rivales de la rue de Normandie calomniaient,
en la qualifiant de *grosse dondon.* Ces tons de chair pouvaient se comparer
aux appétissants glacis des mottes de beurre d'Isigny ; et nonobstant
son embonpoint, elle déployait une incomparable agilité dans ses fonctions.
Madame Cibot atteignait l'âge où ces sortes de femmes sont obligées
de se faire la barbe. N'est-ce pas dire qu'elle avait quarante-huit ans ?
Une portière à moustaches est une des plus grandes garanties d'ordre
et de sécurité pour un propriétaire. Si Delacroix avait pu voir madame Cibot
posée fièrement sur son balai, certes il en eût fait une Bellone !

Pierre Paul Rubens
Hélène Fourment enfilant un gant
XVIIᵉ siècle, huile sur bois, 96,6 × 69,3 cm.
Coll. Bayerische Staatsgemäldesammlungen, Alte Pinakothek, Munich.

165

Le Cousin Pons

Le marchand Élie Magus a brocanté toute sa vie et amassé une fortune.
Son avarice ne le cède qu'à sa passion pour la peinture, et son âme,
plus froide qu'un glaçon, peut s'échauffer à la vue d'un chef-d'œuvre.
Aussi ne manque-t-il aucune des grandes ventes, prêt à sillonner l'Europe
pour y trouver des toiles sans défauts.

 Les deux tableaux de Raphaël perdus et cherchés avec tant de persistance par les raphaëliaques, Magus les possède ! Il possède l'original de la maîtresse du Giorgione, cette femme pour laquelle ce peintre est mort, et les prétendus originaux sont des copies de cette toile illustre qui vaut cinq cent mille francs, à l'estimation de Magus. Ce Juif garde **le chef-d'œuvre de Titien : *le Christ mis au tombeau,*** tableau peint pour Charles Quint, qui fut envoyé par le grand homme au grand Empereur, accompagné d'une lettre écrite tout entière de la main du Titien, et cette lettre est collée au bas de la toile. Il a, du même peintre, l'original, la maquette d'après laquelle tous les portraits de Philippe II ont été faits. Les quatre-vingt-dix-sept autres tableaux sont tous de cette force et de cette distinction. Aussi Magus se rit-il de notre musée, ravagé par le soleil qui ronge les plus belles toiles en passant par des vitres dont l'action équivaut à celle des lentilles. Les galeries de tableaux ne sont possibles qu'éclairées par leurs plafonds. Magus fermait et ouvrait les volets de son musée lui-même, déployait autant de soins et de précautions pour ses tableaux que pour sa fille, son autre idole. Ah ! le vieux tableaumane connaissait bien les lois de la peinture ! Selon lui, les chefs-d'œuvre avaient une vie qui leur était propre, ils étaient journaliers, leur beauté dépendait de la lumière qui venait les colorer, il en parlait comme les Hollandais parlaient jadis de leurs tulipes, et venait voir tel tableau, à l'heure où le chef-d'œuvre resplendissait dans toute sa gloire, quand le temps était clair et pur.

Le Cousin Pons

*Élie Magus est mené clandestinement par le brocanteur Rémonencq
dans la collection de Pons, la seule de Paris qui puisse rivaliser
avec la sienne. La Cibot a appris que ces peintures avaient de la valeur,
et laisse entrer les deux marchands. Tous espèrent profiter de la faiblesse
de Pons pour mieux le spolier.*

Dès que le Juif fut dans ce sanctuaire, il alla droit à quatre chefs-d'œuvre
qu'il reconnut pour les plus beaux de cette collection, et de maîtres qui
manquaient à la sienne. C'était pour lui ce que sont pour les naturalistes
ces *desiderata* qui font entreprendre des voyages du couchant à l'aurore,
aux tropiques, dans les déserts, les pampas, les savanes, les forêts vierges.
Le premier tableau était de Sébastien del Piombo, le second de Fra Bartolomeo
della Porta, le troisième un paysage d'Hobbema, et le dernier un portrait
de femme par Albert Durer, quatre diamants ! Sébastien del Piombo
se trouve, dans l'art de la peinture, comme un point brillant où trois écoles
se sont donné rendez-vous pour y apporter chacune ses éminentes qualités.
Peintre de Venise, il est venu à Rome y prendre le style de Raphaël,
sous la direction de Michel-Ange, qui voulut l'opposer à Raphaël en luttant,
dans la personne d'un de ses lieutenants, contre ce souverain pontife de l'Art.
Ainsi, ce paresseux génie a fondu la couleur vénitienne, la composition
florentine, le style raphaélesque dans les rares tableaux qu'il a daigné peindre,
et dont les cartons étaient dessinés, dit-on, par Michel-Ange.
Aussi peut-on voir à quelle perfection est arrivé cet homme, armé de cette
triple force, quand on étudie au Musée de Paris le portrait de Baccio Bandinelli
qui peut être mis en comparaison avec **L'Homme au gant** de **Titien,** avec
le portrait de vieillard où Raphaël a joint sa perfection à celle de Corrège,
et avec le Charles VIII de Leonardo da Vinci, sans que cette toile y perde.
Ces quatre perles offrent la même eau, le même orient, la même rondeur,
le même éclat, la même valeur. L'art humain ne peut aller au-delà.
C'est supérieur à la nature qui n'a fait vivre l'original que pendant un moment.
De ce grand génie, de cette palette immortelle, mais d'une incurable paresse,
Pons possédait un Chevalier de Malte en prière, peint sur ardoise, d'une
fraîcheur, d'un fini, d'une profondeur supérieurs encore aux qualités

Titien
L'Homme au gant
Vers 1520, huile sur toile, 100 × 89 cm. Coll. Musée du Louvre, Paris.

169

du **portrait de Baccio Bandinelli. Le Fra Bartolomeo, qui représentait une Sainte Famille,** eût été pris pour un tableau de Raphaël par beaucoup de connaisseurs. L'Hobbema devait aller à soixante mille francs en vente publique. Quant à l'Albert Durer, ce portrait de femme était pareil au fameux Holzschuer de Nuremberg, duquel les rois de Bavière, de Hollande et de Prusse ont offert deux cent mille francs, et vainement, à plusieurs reprises.

AGNOLO DI COSIMO ALLORI, DIT BRONZINO
Portrait d'homme tenant une statuette
XVIᵉ siècle, huile sur bois, 99 × 79 cm.
Coll. Musée du Louvre, Paris.

Anciennement dans les collections de Louis XIV, le tableau que Balzac désigne comme un portrait du sculpteur Baccio Bandinelli par Sebastiano del Piombo a depuis été réattribué à Bronzino. Qui plus est, l'identité du modèle a aussi été remise en question au regard de l'autoportrait de Bandinelli, conservé aux Offices, présentant un visage très différent de l'artiste.

Baccio della Porta, dit Fra Bartolomeo
L'Adoration de l'Enfant Jésus
Vers 1495, peinture sur bois, diam. 98,5 cm.
Coll. Bayerische Staatsgemäldesammlungen, Alte Pinakothek, Munich.

171

Le Cousin Pons

Apprenant que Cécile Camusot est fille unique, son prétendant refuse
de l'épouser et la famille Camusot se venge de cet affront sur Pons,
chassé ignominieusement. Frappé d'une violente jaunisse et moralement
abattu, Pons reste cloué au lit tandis que les passions se déchaînent
autour de sa collection.

 La Cibot ferma la porte de la chambre à coucher, ce qui réveilla la défiance
de Pons. Elle trouva Magus immobile devant les quatre tableaux.
Cette immobilité, cette admiration ne peuvent être comprises que par ceux
dont l'âme est ouverte au beau idéal, au sentiment ineffable que cause
la perfection dans l'art, et qui restent plantés sur leurs pieds durant des
heures entières au Musée devant *La Joconde* de Leonardo da Vinci, devant
l'*Antiope* **du Corrège,** le chef-d'œuvre de ce peintre, devant ***La Maîtresse***
du Titien, ***La Sainte Famille*** **d'Andrea del Sarto,** devant les enfants
entourés de fleurs du Dominiquin, le petit camaïeu de Raphaël
et son portrait de vieillard, les plus immenses chefs-d'œuvre de l'art.
— Sauvez-vous sans bruit ! dit-elle.
Le Juif s'en alla lentement et à reculons, regardant les tableaux comme
un amant regarde une maîtresse à laquelle il dit adieu. Quand le Juif
fut sur le palier, la Cibot, à qui cette contemplation avait donné des idées,
frappa sur le bras sec de Magus.
— Vous me donnerez quatre mille francs par tableau ! sinon rien de fait...
— Je suis si pauvre !... dit Magus. Si je désire ces toiles, c'est par amour,
uniquement par amour de l'art, ma belle dame !
— Tu es si sec, mon fiston ! dit la portière, que je conçois cet amour-là.
Mais si tu ne me promets pas aujourd'hui seize mille francs devant
Rémonencq, demain, ce sera vingt mille.
— Je promets les seize, répondit le Juif effrayé de l'avidité de cette portière.

ANTONIO ALLEGRI, DIT LE CORRÈGE
Vénus et l'Amour découverts par un satyre, dit autrefois « Jupiter et Antiope »
Vers 1524-1527, huile sur toile, 188 × 125 cm. Coll. Musée du Louvre, Paris.

173

TITIEN
La Femme au miroir,
dit autrefois « La Maîtresse »
Vers 1515, huile sur toile, 99 × 76 cm. Coll. Musée du Louvre, Paris.

ANDREA DEL SARTO
La Vierge, l'Enfant Jésus,
sainte Élisabeth et le petit saint Jean
Vers 1516, huile sur toile, 108 × 88 cm. Coll. Musée du Louvre, Paris.

Le Cousin Pons

*Maître Fraisier est un homme de loi sans scrupule qui s'est emparé
du testament de Pons et profite de la situation pour servir ses ambitions
au détriment de Schmucke. Pour s'assurer du silence de la Cibot,
il la menace de révéler les vols perpétrés du vivant de Pons.*

Et il lut en ouvrant le catalogue manuscrit.
« *N° 7. Magnifique portrait peint sur marbre, par Sébastien del Piombo,
en 1546, vendu par une famille qui l'a fait enlever de la cathédrale de Terni.
Ce portrait, qui avait pour pendant un évêque, acheté par un Anglais, représente
un chevalier de Malte en prières, et se trouvait au-dessus du tombeau
de la famille Rossi. Sans la date, on pourrait attribuer cette œuvre à Raphaël.
Ce morceau me semble supérieur au portrait de Baccio Bandinelli,
du Musée, qui est un peu sec, tandis que ce chevalier de Malte est d'une
fraîcheur due à la conservation de la peinture sur la* LAVAGNA *(ardoise).* »
— En regardant, reprit Fraisier, à la place n° 7, j'ai trouvé **un portrait
de dame signé Chardin,** sans n° 7!... Pendant que le maître des cérémonies
complétait son nombre de personnes pour tenir les cordons du poêle,
j'ai vérifié les tableaux, et il y a huit substitutions de toiles ordinaires
et sans numéros, à des œuvres indiquées comme capitales par feu
monsieur Pons et qui ne se trouvent plus... Et enfin, il manque un petit
tableau sur bois, de Metzu, désigné comme un chef-d'œuvre...
— Est-ce que j'étais gardienne de tableaux ? moi! dit la Cibot.
— Non, mais vous étiez femme de confiance, faisant le ménage
et les affaires de monsieur Pons, et s'il y a vol...
— Vol! apprenez, monsieur, que les tableaux ont été vendus
par monsieur Schmucke, d'après les ordres de monsieur Pons,
pour subvenir à ses besoins.
— À qui?

Les Paysans

En 1825, le brillant journaliste Émile Blondet envoie à un ami une lettre dans laquelle il décrit son séjour idyllique au château des Aigues, chez les Montcornet. L'endroit a depuis été rasé et sans ce document, l'histoire doublement horrible qui s'y est déroulée perdrait beaucoup de son intérêt.

Enfin le long de la maison brillent des pieds d'alouettes bleus, des capucines aurore, des pois de senteur. Quelques tubéreuses éloignées, des orangers parfument l'air. Après la poétique exhalation des bois, qui m'y avait préparé, venaient les irritantes pastilles de ce sérail botanique. Au sommet du perron, comme la reine des fleurs, vois enfin une femme en blanc et en cheveux, sous une ombrelle doublée de soie blanche mais plus blanche que la soie, plus blanche que les lys qui sont à ses pieds, plus blanche que les jasmins étoilés qui se fourrent effrontément dans les balustrades, une Française née en Russie qui m'a dit :
— « Je ne vous espérais plus ! » Elle m'avait vu dès le tournant. Avec quelle perfection toutes les femmes, même les plus naïves, entendent la mise en scène ? Le bruit des gens occupés à servir m'annonçait qu'on avait retardé le déjeuner jusqu'à l'arrivée de la diligence. Elle n'avait pas osé venir au-devant de moi.
« N'est-ce pas là notre rêve, n'est-ce pas là celui de tous les amants du beau sous toutes ses formes, du beau séraphique que Luini a mis dans le mariage de la Vierge, sa belle fresque de Sarono, **du beau que Rubens a trouvé pour sa mêlée de la bataille du Thermodon,** du beau que cinq siècles élaborent aux cathédrales de Séville et de Milan, du beau des Sarrasins à Grenade, du beau de Louis XIV à Versailles, du beau des Alpes et du beau de la Limagne ?

Les Amazones vivaient, racontent Strabon et Hérodote, sur les rives
du Thermodon, et la bataille représentée par Rubens aurait eu lieu sur le pont
enjambant ce fleuve. Balzac connaissait d'autant mieux cette légende que son ami
Théophile Gautier avait écrit en 1838 un poème intitulé « Le Thermodon »,
publié dans « La Comédie de la Mort ».

Les Paysans

Une coalition se forme contre le général, plusieurs personnes trouvant un avantage personnel à lui faire quitter son domaine, et les pires passions sont encouragées. Nicolas, un des mauvais drôles du village, a tiré un mauvais numéro et doit partir au service militaire. Avec l'aide de sa sœur Catherine, il tente de violer une petite fille, la Péchina.

 [...] Quand la Péchina, sa cruche sur la tête, parvint à la moitié de son chemin, Nicolas dégringola comme un chat sauvage, du haut d'un orme où il s'était caché dans le feuillage, et tomba comme la foudre aux pieds de la Péchina, qui jeta sa cruche et se fia, pour gagner le pavillon, à son agilité. À cent pas de là, Catherine Tonsard, qui faisait le guet, déboucha du bois, et heurta si violemment la Péchina qu'elle la jeta par terre. La violence du coup étourdit l'enfant, Catherine la releva, la prit dans ses bras et l'emmena dans le bois, au milieu d'une petite prairie où bouillonne la source du Ruisseau d'Argent.

Catherine, grande et forte, en tout point semblable aux filles que les sculpteurs et les peintres prennent, comme jadis **la République, pour modèle de la Liberté,** charmait la jeunesse de la vallée d'Avonne par ce même sein volumineux, ces mêmes jambes musculeuses, cette même taille à la fois robuste et flexible, ces bras charnus, cet œil allumé d'une paillette de feu, par l'air fier, les cheveux tordus à grosses poignées, le front masculin, la bouche rouge, aux lèvres retroussées par un sourire quasi féroce, qu'Eugène Delacroix, David d'Angers ont tous deux admirablement saisis et représentés. Image du Peuple, l'ardente et brune Catherine vomissait des insurrections par ses yeux d'un jaune clair, pénétrants et d'une insolence soldatesque. Elle tenait de son père une violence telle que toute la famille, excepté Tonsard, la craignait dans le cabaret.

Eugène Delacroix
Le 28 juillet 1830 : la Liberté guidant le peuple
1830, huile sur toile, 260 × 325 cm. Coll. Musée du Louvre, Paris.

Les Paysans

Le général de Montcornet tente de réduire la pauvreté en distribuant du travail, mais il essaie aussi de protéger ses biens du pillage, malgré l'hostilité des villageois comme des maires des communes environnantes. Lors de la moisson, il interdit aux glaneurs de pénétrer dans les champs avant l'enlèvement complet des gerbes.

Au bout des champs moissonnés sur lesquels étaient les charrettes où s'empilaient les gerbes, il y avait une centaine de créatures qui, certes, laissaient bien loin **les plus hideuses conceptions que les pinceaux de Murillo,** de Téniers, les plus hardis en ce genre, et les figures de Callot, ce prince de la fantaisie des misères, [aient réalisées] ; leurs haillons si cruellement déchiquetés, leurs jambes de bronze, leurs têtes pelées, leurs couleurs si curieusement dégradées, leurs déchirures humides de graisse, leurs reprises, leurs taches, les décolorations des étoffes, les trames mises à jour, enfin leur idéal du matériel des misères était dépassé, de même que les expressions avides, inquiètes, hébétées, idiotes, sauvages de ces figures, avaient sur leurs immortelles compositions l'avantage éternel que conserve la nature sur l'art. Il y avait des vieilles au cou de dindon, à l'œil chauve et rouge, qui tendaient la tête comme des chiens d'arrêt devant la perdrix, des enfants silencieux comme des soldats sous les armes, des petites filles qui trépignaient comme des animaux attendant leur pâture, les caractères de l'enfance et de la vieillesse étaient opprimés sous une féroce convoitise, celle du bien d'autrui qui devenait le leur par abus.

Petites misères de la vie conjugale

Les Petites Misères *de la vie conjugale rassemblent de courtes histoires qui évoquent la vie d'un couple de bourgeois parisiens, Adolphe et Caroline, depuis leur rencontre jusqu'à la formation d'un ménage à quatre. Adolphe – se plaint Caroline –, est invité dans un monde où elle ne va pas, convié à des plaisirs sans elle et ne s'aperçoit guère qu'elle souffre de cette humiliation.*

 Deux Voix se disputent le terrain, quand, par un hasard encore rare heureusement, je suis seule dans mon fauteuil attendant Adolphe. L'une, je le gagerais, sort du *Faust* **d'Eugène Delacroix,** que j'ai sur ma table. Méphistophélès parle, le terrible valet qui dirige si bien les épées, il a quitté la gravure et se pose diaboliquement devant moi, riant par la fente que ce grand peintre lui a mise sous le nez, et me regardant de cet œil d'où tombent des rubis, des diamants, des carrosses, des métaux, des toilettes, des soieries cramoisies et mille délices qui brûlent.
— N'es-tu pas faite pour le monde ? Tu vaux la plus belle des plus belles duchesses ; ta voix est celle d'une sirène, tes mains commandent le respect et l'amour !... Oh ! comme ton bras chargé de bracelets se déploierait bien sur le velours de ta robe ! Tes cheveux sont des chaînes qui enlaceraient tous les hommes ; et tu pourrais mettre tous ces triomphes aux pieds d'Adolphe, lui montrer ta puissance et n'en jamais user ! Il aurait des craintes là où il vit dans une certitude insultante. Allons ! viens ! avale quelques bouffées de mépris, tu respireras des nuages d'encens. Ose régner !

« Faust », traduit en 1828 par Gérard de Nerval – qui connaissait bien Balzac –
a profondément marqué le romantisme français, mais les lecteurs, impressionnés
par les spectaculaires gravures conçues par Delacroix pour ce roman de Goethe, ont été
sensibles à la forte présence de Méphistophélès, peut-être plus qu'à Faust lui-même.

Les Petits Bourgeois

Les Petits Bourgeois forment un roman laissé inachevé par Balzac, dont l'intrigue complexe s'articule autour de Céleste Colleville qui doit hériter de sa riche tante. Parmi les prétendants, figure le jeune avocat méridional Théodose de la Peyrade, qui entreprend de séduire toute la famille pour parvenir à ses fins.

Dans les arts, et peut-être Molière a-t-il mis l'hypocrisie au rang des arts, en classant à jamais Tartuffe dans les comédiens, il existe un point de perfection au-dessous duquel vient le talent, et auquel atteint seul le génie ; il est si peu de différence entre l'œuvre du génie et l'œuvre du talent, que les hommes de génie peuvent seuls apprécier cette distance qui sépare Raphaël du Corrège, Titien de Rubens. Il y a plus, le vulgaire y est trompé. Le cachet du génie est une certaine apparence de facilité. Son œuvre doit paraître, en un mot, ordinaire au premier aspect, tant elle est toujours naturelle, même dans les sujets les plus élevés. Beaucoup de paysannes tiennent leurs enfants, comme **la fameuse madone de Dresde** tient le sien. Eh bien, le comble de l'art chez un homme de la force de Théodose, est de faire dire de lui plus tard : « Tout le monde y aurait été pris ! » Or, dans le salon Thuillier, il voyait poindre la contradiction, il devinait chez Colleville la nature assez clairvoyante et critique de l'artiste manqué. L'avocat se savait déplaisant à Colleville, qui, par suite de circonstances inutiles à rapporter, était payé pour croire à la science des anagrammes. Aucun de ses anagrammes n'avait failli. On s'était moqué de lui dans les bureaux, quand en lui demandant l'anagramme du pauvre Auguste-Jean-François Minard, il trouva : *J'amassai une si grande fortune*, et l'événement justifiait à dix ans de distance l'anagramme. Or, l'anagramme de Théodose était fatal. Celui de sa femme le faisait trembler, il ne l'avait jamais dit, car Flavie Minoret Colleville donnait : *La vieille C. nom flétri vole.*

Les Petits Bourgeois

La mère de Céleste, Flavie Colleville, est dévorée d'ambitions et n'a cessé d'intriguer pour faire avancer la carrière de son mari. Aussi ses enfants ont-ils tous des pères adultérins différents. Pour se la concilier, Théodose lui fait une cour pressante dans laquelle il donne la pleine mesure de son talent de comédien.

— Oui, je lutterai, je reprendrai des forces, comme Antée, en embrassant ma mère! et j'étoufferai dans mes mains ces serpents qui m'enlacent, qui me donnent des baisers de serpent, qui me bavent sur les joues, qui veulent me sucer mon sang, mon honneur! Oh! la misère!... Oh! qu'ils sont grands ceux qui savent s'y tenir debout, le front haut!... J'aurais dû me laisser mourir de faim sur mon grabat, il y a trois ans et demi!... [...] Oh! dites-moi que vous m'aimez... redites-le! C'est en ce moment, comme au condamné, le mot: Grâce!

— Vous êtes terrible!... mon ami!... dit Flavie, oh! vous m'avez brisée.

Elle ne comprenait rien, mais elle tombait sur le canapé comme morte, agitée par ce spectacle, et alors Théodose se mit à ses genoux.

— Pardon!... pardon!.. dit-il.

— Mais enfin, qu'avez-vous?... demanda-t-elle.

— On veut me perdre. Oh! promettez-moi Céleste et vous verrez la belle vie à laquelle je vous ferai participer!... Si vous hésitez... Eh! bien, c'est me dire que vous serez à moi, je vous prends!...

Et il fit un mouvement si vif que Flavie effrayée se leva, se mit à marcher...

— Oh! mon ange! à vos pieds là... quel miracle! Bien certainement Dieu est pour moi, j'ai comme une clarté, j'ai eu soudain une idée! Oh! merci mon bon ange, grand Théodose!... Tu m'as sauvé!

Flavie admira cet être caméléonesque, un genou en terre, les mains en croix sur la poitrine, et les yeux levés vers le ciel, dans une extase religieuse, il récitait une prière, il était le catholique le plus fervent, il se signa.

Ce fut beau comme ***La Communion de saint Jérôme.***

— Adieu! dit-il, avec une mélancolie et une voix qui séduisaient.

— Oh! s'écria Flavie, laissez-moi ce mouchoir.

Théodose descendit comme un fou, sauta dans la rue et courut chez les Thuillier; mais il se retourna, vit Flavie à sa fenêtre et lui fit un signe de triomphe.

— Quel homme!... se dit-elle.

DOMENICO ZAMPIERI, DIT LE DOMINIQUIN
La Communion de saint Jérôme
1614, huile sur toile, 419 × 256 cm. Coll. Musées du Vatican.

189

CORRESPONDANCES
& ŒUVRES DIVERSES

Lettre à Victor Ratier, La Grenadière, le 21 juillet 1830

Lorsqu'il demande en 1829 des articles à Balzac, Victor Ratier est directeur du journal La Silhouette. *Le jeune écrivain qui possède déjà une expérience d'éditeur, n'hésite pas à offrir ses conseils à Ratier. Balzac porte dans cette lettre un regard critique sur les caricatures proposées par le journal.*

Votre *Silhouette* est bien avec les caricatures de la semaine. C'est une heureuse idée. Mais vous vous tuez avec les mauvaises caricatures. C'est une bonne chose que de composer le numéro avec l'explication des lithographies et cet article : *Caricatures hebdomadaires*. Vous devriez faire faire, par un homme spirituel, un compte-rendu des événements, comme le fait le *Journal rose*, en prenant d'autres faits que lui, et avec cela un article spécial sur les arts, la critique d'un tableau, d'un livre, d'une gravure, etc. Vous auriez une configuration excellente et vous devriez n'en pas sortir (conseil d'ami). [...]
Dieu ! que les caricatures de Monnier sont spirituelles : **Souvenir d'Alger** est admirable. Dieu veuille que sa prévision soit fausse, que nous ayons là une colonie et que nous rendions à la civilisation ces beaux pays.
Vous m'avez parlé de vous, je vous ai parlé de moi ; voilà comme j'entends les lettres et l'amitié. Seulement, vous ne m'avez pas dit ce que vous faisiez. Sacré Dieu ! mon bon ami, je crois que la littérature est, par le temps qui court, un métier de fille des rues qui se prostitue pour cent sous : cela ne mène à rien, et j'ai des démangeaisons d'aller vaguer, chercher, me faire drame vivant, risquer ma vie ; car pour quelques misérables années de plus ou de moins !...

Lettre à Laure Balzac, le 6 septembre 1819

En 1819, le jeune Honoré Balzac décide de renoncer au droit pour devenir écrivain. Ses parents lui accordent avec réticences une petite pension et le jeune homme entreprend avec fougue la rédaction de Cromwell, *une pièce de théâtre en vers, inspirée de Corneille et de Racine, dont il attend la gloire.*

Je me suis enfin arrêté (par raison) au sujet de *Cromwell* (la mort de Charles Ier). Il y a près de six mois que j'en médite le plan et je l'ai ordonnancé. Mais frémis, chère sœur, il me faut au moins sept à huit mois pour versifier et inventer, et plus pour polir.

Les idées principales du Ier acte sont sur le papier, il y a quelques vers qui gisent çà et là, mais je dois me manger au moins sept à huit fois les ongles, avant d'avoir élevé mon premier monument. Ah, si tu connaissais les difficultés qui règnent dans de pareils ouvrages.

[...] Si tu trouvais des idées pour des situations de *Cromwell,* écris-les moi. Tiens, ce qui m'embarrasse le plus, ce sont celles de la scène première entre le roi et la reine. Il doit y régner un ton si mélancolique, si touchant, si tendre, des pensées si pures, si fraîches, que je désespère.

Il faut que cela soit sublime, tout le long, dans le genre **d'*Atala* de Girodet** en peinture. Si tu as la fibre ossianique, envoie-moi des couleurs.

Chère petite bonne, aimable, gentille sœur, je t'aime tant.

Adieu !

ANNE-LOUIS GIRODET DE ROUSSY-TRIOSON
Atala au tombeau, dit aussi Funérailles d'Atala
1808, huile sur toile, 207 × 267 cm.
Coll. Musée du Louvre, Paris.

Balzac aura défini très tôt sa conception très particulière de l'art, puisqu'avant
même d'avoir réalisé son premier essai littéraire (« Cromwell », une pièce
de théâtre en alexandrins), il établit déjà des correspondances entre les différentes
formes d'art. Dans cette lettre adressée à sa sœur, il prend comme modèle
non pas Chateaubriand, mais la peinture inspirée de son célèbre roman « Atala ».

Lettre à Stendhal, fin mars 1839

*Les relations avec Stendhal sont déjà anciennes et nombreuses lorsque
Balzac découvre dans un journal un extrait de La Chartreuse de Parme,
qui lui arrache des accents d'admiration dont on ne trouve aucun autre
exemple dans sa correspondance. Quelques mois plus tard, Balzac publie
sur ce livre un article magistral et continue à louer, après la mort
de Stendhal, la finesse d'analyse appliquée aux nuances de l'amour.*

 Monsieur,
J'ai déjà lu dans *Le Constitutionnel* un article tiré de *La Chartreuse*
qui m'a fait commettre le péché d'envie. Oui, j'ai été saisi d'un accès
de jalousie à cette superbe et vraie description de bataille que je rêvais
pour les *Scènes de la vie militaire*, la plus difficile portion de mon œuvre,
et ce morceau m'a ravi, chagriné, enchanté, désespéré. Je vous le dis
naïvement. C'est fait comme Borgognone et Vouvermans, **Salvator Rosa**
et Walter Scott. Aussi ne vous étonnez pas si je saute sur votre offre,
si j'envoie chercher le livre et comptez sur ma probité pour vous dire
ma pensée. Le fragment va me rendre exigeant, et avec vous on peut tirer
des lettres de change de curiosité sans trop de crainte. Je suis un lecteur
si enfant, si charmé, si complaisant, qu'il m'est impossible de dire
mon opinion après la lecture, je suis le plus bénin critique du monde
et fais bon marché des taches qui sont au soleil, ma froideur
et mon jugement ne me reviennent que quelques jours après.
Mille compliments gracieux.
De Bc.

*Balzac a très longtemps réfléchi à un roman intitulé « La Bataille » – dont
il n'a finalement écrit que le titre. Il s'est beaucoup documenté sur les guerres
napoléoniennes, est allé sur les champs de bataille, et a écouté attentivement
différents témoins. Il connaissait certainement cette peinture de Salvator Rosa
conservée au musée du Louvre et très souvent copiée au XIX^c siècle.*

Lettre à madame Hanska,
Paris, le 28 avril 1834

Mariée à un noble polonais, Éveline Hanska adresse à Balzac en mars 1832
une lettre signée « l'étrangère », début d'une ample correspondance
qui durera jusqu'en 1848. Genève en 1833, Vienne en 1835 accueillent
de brèves rencontres amoureuses. Les envois antérieurs à la mort
de monsieur Hanski, susceptibles d'être lus par tous, prennent souvent
un tour mondain.

 Allons, ne donnez pas de coups de pied dans mes rêves,
dans mes châteaux. Laissez-moi croire à des cieux sans nuages.
Depuis que j'existe, je n'ai pu vivre que par d'inaltérables croyances,
et vous êtes une de mes croyances. Ne toussez pas, et ne vous assombrissez
pas ; que les chagrins du spleen ne viennent ni à vous ni à M. Hanski
que je mets de moitié dans cette lettre, car, je vous le répète,
ne la prenez que comme une causerie pleine d'affection.
Notre exposition n'a rien de regrettable. M. de Hanski n'y achèterait
pas grand-chose ; mais si j'étais riche, je me plairais cependant à vous
en envoyer un tableau, **un intérieur d'Alger, peint par E. Delacroix**
qui me semble excellent.

EUGÈNE DELACROIX
Femmes d'Alger dans leur appartement
1834, huile sur toile, 180 × 229 cm.
Coll. Musée du Louvre, Paris.

Lettre à madame Hanska, Chaillot, le 20 octobre 1837

La correspondance rédigée par madame Hanska a disparu,
on conserve néanmoins les 400 lettres envoyées par Honoré de Balzac
et qui forment un pan essentiel de son œuvre littéraire : à la fois roman
d'amour, autobiographie, chronique de la vie littéraire et artistique,
et commentaire irremplaçable de La Comédie humaine.

J'ai vu [le Musée historique de] Versailles, et c'est une bonne action, car il a sauvé le Palais ; mais c'est la plus ignoble et la plus sotte chose que je connaisse, tant tout y est mauvais comme art, et parcimonieux comme exécution. Quand vous verrez cela vous serez ravie, et quand je vous expliquerai ce qui est à Louis XIV, Louis XV et Louis XVI, et à Napoléon, vous trouverez le reste horriblement bourgeois et mesquin. Votre tante Leczinska y est une dizaine de fois dans les portraits de famille, et je me suis plu à la regarder, et je me suis dit en riant : mieux vaut *Empereur* debout que *goujat enterré*, car vous êtes une reine de beauté et elle un goujat de laideur ; il faut que ce soit la faute des peintres, car elle était fort belle ; chose extraordinaire, il n'y a pas un portrait qui se ressemble ; autant de portraits, autant de femmes différentes, elle était sans doute journalière.

Ce qui par exemple est beau comme Titien et tout ce qu'il y a de beau en peinture, c'est **Le Sacre de Napoléon et le Couronnement de Joséphine**, c'est *La Bénédiction des aigles*, c'est *Napoléon faisant grâce à des Arabes*, de David et de Guérin. Quel grand peintre que David ! C'est colossal. Je n'avais jamais vu ces trois tableaux-là.

JACQUES LOUIS DAVID
Sacre de l'empereur Napoléon et couronnement
de l'impératrice Joséphine à Notre-Dame, le 2 décembre 1804
1806-1807, huile sur toile, 621 × 979 cm.
Coll. Musée du Louvre, Paris.

L'ouverture en juin 1837 du Musée historique de Versailles a permis d'exposer
près de 3 000 peintures commandées pour l'occasion, mais aussi un millier d'œuvres
prises dans les collections nationales, dont beaucoup n'étaient guère alors montrées.
Balzac s'intéresse davantage aux œuvres réalisées sous l'Empire qu'aux créations
contemporaines, condamnées ici en bloc.

Lettre à madame Hanska,
Passy, le 21 mars 1843

Après la mort de monsieur Hanski, la correspondance entre les deux amants devient plus intime, et Balzac s'attarde souvent sur la vie parisienne, désireux de faire rêver celle qui vit désormais seule dans son domaine d'Ukraine et qu'il souhaite vivement épouser. Sous la monarchie de Juillet, Paris est plus que jamais la capitale de l'art européen et le Salon représente un événement capital, dont Balzac rend ici compte à sa correspondante.

Je suis allé au *Salon*. Hélas ! tout y est d'un médiocre à faire trembler, tout, hormis un tableau de Meissonnier, qui est charmant, et un tableau **de Cogniet : *Tintoret peignant sa fille morte.*** Deux tableaux sur 1 800 ! Nous touchons le prix de nos fautes. Il ne devrait pas y avoir plus de cent cinquante tableaux au *Salon,* et de ce qui devait être un honneur, on a fait une spéculation ! On a refusé un très beau tableau de Boulanger, *La Mort de Messaline* que je suis allé voir, un refus qui ne s'explique pas, car le tableau est si beau que ce même gouvernement qui le refuse pour le *Salon* le mettra sans doute au Luxembourg. Voilà la France ! Ceci vous expliquera comment, aujourd'hui, quelques-uns de ceux qui ont honni *Quinola* crient aujourd'hui au chef-d'œuvre.
Adieu, chère épouse de mon âme et de mon cœur, chère fleur de ma pensée, chère espérance, enfin toute ma vie, le secret de ma vie et ma belle vie secrète. Adieu, mille caresses, et mille de ces tendresses qu'on rêve et qu'on n'ose dire.

LÉON COGNIET
Tintoret peignant sa fille morte
Vers 1843, huile sur toile, 143 × 163 cm.
Coll. Musée des Beaux-Arts, Bordeaux.

Balzac est sans doute moins sensible à la manière de Cogniet qu'au sujet traité :
l'artiste verra la beauté dans les scènes les plus terribles et sera conduit
à la restituer par une force qui dépasse sa douleur. Émile Zola renouvelle cette histoire
avec son roman « L'Œuvre », quand le peintre Claude Lantier trouve en son fils
mort un modèle d'un étrange intérêt.

Lettre à madame Hanska,
Dresde, le 19 octobre 1843

En revenant de Saint-Pétersbourg où il a séjourné avec madame Hanska,
Balzac visite des champs de bataille napoléoniens afin de préparer
les romans qu'il imagine pour les Scènes de la vie militaire. *Il s'arrête*
à Dresde et visite la Galerie où il voit enfin la Madone de saint Sixte
de Raphaël, dont il possédait une reproduction gravée.

J'ai vu tant de Titien à Venise que ceux de la Galerie ont perdu de leur prix
à mes yeux ; mais **La Nuit du Corrège**, sa *Madeleine*, deux *Vierges* de lui,
puis les deux de Raphaël et les tableaux hollandais valent le voyage.
La galerie a plus de réputation que de mérite. Le Trésor est une plaisanterie.
Quatre ou cinq millions de diamants ne pouvaient pas éblouir les yeux
qui venaient de voir ceux du Palais d'Hiver.
[...] Rien ne m'a ému comme les femmes de Rubens, parce qu'elles
me rappelaient une Ève ! Oh ! il y a un chef-d'œuvre d'Holbein ! J'ai regretté
de ne pas avoir votre main à presser en regardant ce tableau ! La *Madone*
de Raphaël, on s'y attend ; mais le tableau d'Holbein, c'est cet imprévu
qui saisit.

Antoni Allegri, dit Le Corrège
La Nativité, dit aussi « La Nuit »
1523-1530, huile sur bois, 256,5 × 188 cm.
Coll. Gemäldegalerie Alte Meister, Staatliche, Dresde.

205

Lettre à madame Hanska, Paris, le 25 août 1848

*Balzac avait envoyé à madame Hanska une version de son portrait
par Boulanger et avait reçu en retour la copie d'une miniature de Moritz
Michael Daffinger, dont il obtient en février 1844 l'original. Quelques mois
plus tard, Balzac juge cette copie exécrable, en comparaison de l'original
de l'artiste viennois, et la brûle. La miniature devient objet d'adoration.*

 Le Daffinger est sous l'abat-jour de mes bougies, en sorte que sans compliment je puis vous dire que vous avez constamment éclairé mon œuvre depuis quinze jours que je la remanie et la perfectionne. Comme c'est vous ! Daffinger est un homme de génie ! À part la valeur d'art d'une miniature, il y a celle de la valeur relative pour ceux qui connaissent l'original. Or quand l'âme, la naïveté, la grâce, les qualités exquises s'y voient, c'est un trésor. Votre attitude, votre geste habituel, tout y est. C'est étonnant, comme je cause souvent avec cette chère ressemblance ! Les cheveux si fins, vont s'envoler si l'on approche. Mais il y a entre cette miniature et celle de Netscher de la Duchesse de Cleveland, la différence d'une œuvre de Carlo Dolci à une œuvre de Raphaël, comme peintre. Vous me faites quelquefois l'injure de croire qu'il n'y a pas l'ombre de jalousie dans mon cœur. Hé ! bien, tenez, hier, le couvreur est venu pour signer son marché d'entretien de la couverture de la maison, et il s'est penché sur ma table vers cette miniature, et il m'a fait le même mal que si j'avais reçu un coup de couteau. Ce regard jeté sur mon trésor m'a fait une affreuse douleur, et cependant, il vous verra passer, il vous regardera certainement. Ce raisonnement venu trop tard n'a rien calmé, il me semble qu'on viole le secret des milles pensées que je confie à ce trésor. C'est tout idéal, et néanmoins cela blesse ; je ne m'explique rien de cela, mon esprit en rit, mon cœur en souffre. Je me figure qu'on regarde un portrait avec d'autres idées que celles qu'on a en voyant une femme, et qu'il n'y a que moi qui doive le regarder ainsi. On ne me blesse pas en examinant la petite fille, on sourit ; on est grave et curieux pour l'autre. On se dit : — elle est belle. Aussi lorsque pareille chose arrive, je serre le Daffinger, et je me punis moi-même. Oh ! que ceux qui aiment sont heureux d'être seuls (il y a Annette) à connaître l'âme, les expansions de la tendresse, les finesses du cœur, les bons petits rires, les scènes intérieures où l'âme s'épanche, d'être seuls à entrer dans les palais somptueux de la pensée, comme sont les vôtres, madame !

MORITZ MICHAEL DAFFINGER
Portrait de madame Hanska
XIXᵉ siècle, miniature. Coll. particulière.

Lettre à Georges Mniszech,
Passy, le 29 juillet 1846

*À partir de 1845, Balzac sillonne l'Europe en compagnie de madame Hanska,
sa fille Anna et son gendre Georges Mniszech, formant la troupe des
« saltimbanques », allusion à un spectacle créé à Paris et repris à Saint-
Pétersbourg. Balzac, chef de troupe, devient « Bilboquet », madame Hanska
« Atala, femme sauvage », Georges et Anna « Gringalet » et « Zéphirine ».*

Mon cher Gringalet,
le vieux Bilboquet possède, grâce à vous, un de ces lumineux chefs-d'œuvre
qui sont comme le *Joueur de violon*, le soleil d'une galerie. Vous ne sauriez
imaginer la beauté de ce **Chevalier de Malte**, pas plus que l'ignare
scélératesse des marchands de Rome. Menghetti avait enfumé
de bistre le tableau pour cacher quelque coup de balai donné sur le front,
des coulures de cire sur les mains qui l'ont effrayé, surtout avec la couche
de crasse que la fumée des cierges et autres causes ecclésiastiques avaient
imprimée sur cette sublime ardoise. Vous savez que Schnetz trouvait
un désaccord entre les mains et la figure [...]! Eh! bien, tout est harmonieux
comme dans un chef-d'œuvre du Titien. Les mains reçoivent le jour
beaucoup plus que la figure ; mais ce qui excite le plus l'admiration,
c'est l'habit que vous n'avez pas vu, et qui selon l'expression des connaisseurs,
contient un homme. Quand l'illustre restaurateur vint chez moi [...], il dit :
— Monsieur, c'est un chef-d'œuvre ; mais que trouverons-nous là-dessous ?
Et il s'en alla inquiet. Trois jours après, il revint, et avec ses drogues.
On étend le *Chevalier* sur une table ; il prend une composition puissante,
et il me dit : — Allons ! il le faut bien ! Commençons par un coin.
La drogue mise au bout du coton fait mousser la peinture et tout devient
blanc. — Bien, dit-il, je puis marcher, et il frotte toute l'ardoise, et en une
heure il retire une livre de coton par petites balles toutes noires.
« Voilà, me dit-il, ce qu'a mis le marchand de Rome ! » (On ne voyait rien
encore.) Mais pourquoi ? Il a eu une raison. Le tableau peut se trouver gâté,
plein de repeints, ou il n'existe peut-être plus, car voilà une deuxième
croûte ! Ceci est plus grave ; faut-il aller en avant ? On va en avant. Et il prend
trois drogues, et la peinture de mousser, de blanchir, de disparaître
dans cette bataille de drogues. Il met ses doubles lunettes, et me dit :
Je réponds du tableau. Moi, je ne voyais que de la mousse de bière.

Lettre à Georges Mniszech,
Passy, le 29 juillet 1846

*Georges Mniszech admire le talent de Balzac, comprend sa passion
pour les œuvres d'art – lui-même collectionne les coléoptères – et lui
indique parfois des occasions d'achat. Le fameux* Chevalier de Malte
*est ainsi acquis à Rome sur ses recommandations. Reconnaissant,
l'écrivain lui parle volontiers de ses trouvailles et de ses émotions.*

 Ce bon petit vieux m'a fait cadeau, tant il m'aime, d'une trouvaille,
c'est la femme de Greuze, faite par Greuze, pour lui servir de modèle
pour sa fameuse ***Accordée de village*** ! (300 fr.). Tant que vous n'aurez pas
vu cela, vous ne saurez pas ce que c'est que l'École française.
Rubens, Van Dyck, Rembrandt, Raphaël et Titien ne sont pas plus forts.
C'est de la chair palpitante, c'est la vie et il n'y a ni science, ni art ;
c'est troussé en deux heures, avec le reste de la palette, dans un moment
d'enthousiasme et de passion qui rend ce morceau une des plus belles choses
de la peinture. Greuze avait fait cadeau de cela à sa femme en lui défendant
de jamais le vendre ; elle l'a légué à sa sœur, sa sœur vivait encore
il y a vingt ans, elle a crevé la toile, elle a cru cela perdu, elle l'a donné
à une voisine, et c'est de cette vieille femme que mon petit vieux la tient,
il a ressoudé la toile, il n'y paraît pas.

JEAN-BAPTISTE GREUZE
L'Accordée de village
1761, huile sur toile, 92 × 117 cm.
Coll. Musée du Louvre, Paris.

Des artistes

*Cet article est l'un des plus importants écrits par Balzac. Il y propose
à la fois un bilan de son œuvre, un plaidoyer pour les écrivains, une étude
du génie et de la création, et une dénonciation d'un système social
qui exploite les artistes en les laissant misérables.*

Or, pour l'homme plongé dans la sphère inconnue des choses qui n'existent
pas pour le berger qui, en taillant une admirable figure de femme
dans un morceau de bois, dit : « Je la découvre ! », pour les artistes enfin
le monde extérieur n'est rien. Ils racontent toujours avec infidélité ce qu'ils
ont vu dans le monde merveilleux de la pensée. **Le Corrège** s'est enivré
du bonheur d'admirer sa madone étincelante de beautés lumineuses
bien longtemps avant de la rendre. Il vous l'a livrée, sultan dédaigneux,
après en avoir joui délicieusement. Quand un poète, un peintre, un sculpteur
donnent une vigoureuse réalité à l'une de leurs œuvres, c'est que l'invention
avait lieu au moment même de la création. Les meilleurs ouvrages
des artistes sont ceux-là, tandis que l'œuvre dont ils font le plus grand cas,
est, au contraire, la plus mauvaise parce qu'ils ont trop vécu par avance
avec leurs figures idéales. Ils ont trop bien senti pour traduire.
Il est difficile de rendre le bonheur que les artistes éprouvent à cette chasse
des idées. L'on rapporte que Newton, s'étant mis à méditer un matin,
fut trouvé, le lendemain à la même heure, dans la même attitude, et il croyait
être à la veille. L'on raconte un fait semblable de La Fontaine et de Cardan.

Article paru dans La Silhouette, *février / avril 1830*

Des artistes

Le peintre comme l'écrivain disposent de la «puissance créatrice»
qui caractérise les artistes. La peinture étant alors davantage appréciée
que la littérature, la démonstration de Balzac s'appuie très largement
sur l'expression picturale, mais son analyse s'applique à la création artistique
sous toutes ses formes.

Il en est de la peinture comme de la poésie, comme de tous les arts; elle
se constitue de plusieurs qualités: la couleur, la composition, l'expression.
Un artiste est déjà grand quand il porte à la perfection l'un de ces principes
de beau, et il n'a été donné à aucun de les réunir tous au même degré.
Un peintre d'Italie concevra de vous peindre la Vierge sur terre, comme
si elle était au ciel. Le fond du tableau sera tout azur. Sa figure puissamment
illuminée aura une idéalité due à ces accessoires. Ce sera le repos parfait
du bonheur, l'âme paisible, une douceur ravissante. Vous vous égarerez dans
le dédale de vos pensées, sans but. C'est un voyage sans fin, délicieux et vague.
Rubens vous la fera voir magnifiquement vêtue, tout est coloré, vivant,
vous avez touché cette chair, vous admirez la puissance et la richesse,
c'est la reine du monde. Vous pensez au pouvoir, vous voudriez cette femme.
Rembrandt plongera la mère du Sauveur dans l'obscurité d'une cabane.
L'ombre et la lumière y seront si puissamment vraies, il y aura une telle
réalité dans ces traits, dans ces actes de la vie commune, que séduit,
vous resterez devant ce tableau, songeant à votre mère, et au soir où vous
la surprîtes dans l'ombre et le silence.
Mignard fait une vierge. Elle est si jolie, si spirituelle, que vous souriez
en vous souvenant d'une maîtresse que vous eûtes dans votre jeunesse.
Comment un peintre peut-il espérer que ces nuances fines et délicates seront
saisies? Est-ce aux gens occupés de fortunes, de plaisirs, de commerce,
de gouvernement, qu'on pourra persuader que tant d'œuvres dissemblables
ont atteint séparément le but de l'art. Parlez donc ainsi à des esprits qui sont
incessamment en proie à la manie de l'uniformité, qui veulent une même loi
pour tous, comme un même habit, une même couleur, une même doctrine,
qui conçoivent la société comme un grand régiment?

Article paru dans *La Silhouette*, février/avril 1830

Voyage pour l'éternité

*Voyage pour l'éternité est un étrange chef-d'œuvre qui renouvelle le thème
de la danse macabre en le tranposant dans la vie quotidienne du XIXᵉ siècle :
la Mort apparaît sous les traits d'un cocher, d'une prostituée, d'un préparateur
de pharmacie... Cet article est le premier des trois textes que Balzac,
très sensible à la fantaisie poétique de Grandville, a consacrés à cet artiste.*

 Mais vous êtes-vous jamais trouvé, après un dîner corsé, pesant comme
un serpent boa, couché sur un doux canapé, devant un feu qui chatouille
et lubrifie toutes les fibres. L'esprit a succombé sous la matière, sous cette
riche et vigoureuse matière qui triomphe de toutes les idéalités allemandes.
Nargue de l'intelligence !... Vous êtes pour cette vie en dehors, avec
ses cent mille livres de rente, ses chevaux, ses voitures brillantes, ses suaves
musiques, ses triomphes d'amour-propre qui écrasent les jouissances
de l'âme. C'est la terre qui insulte au Ciel. [...] Vous digérez, tout va bien !
Vous vous moquez de tout. Vous êtes le symbole de toute philosophie ;
car toute la question entre Spinoza et Malebranche est posée, quand on met
un ventre truffé devant un bon feu, et un livre sur l'immortalité de l'âme
à terre. Eh bien vous êtes là, pensant à la richesse de votre organisation
palpitante, tout à coup la MORT arrive sous forme d'indigestion.
Que diable chantent donc les fabricants d'odes, de méditations, de sermons,
en nous prétendant que la mort est chose triste ? Où donc a-t-on vu qu'on doive
la représenter comme un squelette, comme un épouvantail, avec des larmes,
des cierges, des prêtres, des urnes. La mort est, la plupart du temps, chose
gaie, rieuse, douce. Il y a deux morts : celle des jeunes gens, couronnée de roses,
tenant un verre de champagne, assise sur un canapé, se laissant longtemps
courtiser, agaçante comme une courtisane. Puis la mort des vieillards,
noire comme don Gomez dans *Hernani*, hideuse comme la décrépitude,
sale comme un égout. [...] Mourir jeune, c'est se trouver en bonne fortune.
Telle est l'analyse du **délicieux album de Grandville**. Nous en avons
faiblement traduit la spirituelle moralité, les tableaux comiques.
De la profondeur philosophique et de la caricature, voilà ce qu'on ne fait
qu'en France et qu'à Paris. M. Grandville avait donné de la bêtise aux
hommes, de l'esprit aux animaux, il vient de donner de la gaieté à la MORT.

Article paru dans *La Silhouette, 15 avril 1830*

Gavarni

C'est dans les bureaux du journal La Mode que Balzac rencontre Gavarni. Le jeune dessinateur brille alors par l'élégance de son trait mais il n'est pas certain que l'écrivain ait beaucoup admiré son art. Balzac profite d'ailleurs de cet article sur une série de gravures de Gavarni, pour souligner les qualités d'autres artistes qu'il admire davantage comme Decamps, Charlet ou Monnier.

Il n'y avait qu'un artiste, et même un artiste supérieur, qui pût épouser nos idées et traduire cette physionomie parisienne si éminemment mobile, si curieuse, et rendre l'esprit d'un vêtement, la pensée d'une robe, la grâce d'un fichu, d'un fichu qui n'a de grâce que par la manière dont il est porté !... C'est par l'entente de nos idées, qu'un jour Decamps nous a fait connaître, pour la première fois, par ses croquis, la physionomie des Orientaux. Mais avant de rendre le caractère de la *classe élégante*, nous avouerons que nous avons tenté bien des crayons ; et que pendant sept à huit mois nos efforts ont été malheureux. Les planches jointes aux premiers volumes ont été remarquablement défectueuses. Ainsi, souvent le graveur enlevait tout le charme d'une composition de M. Fontallard, s'efforçant d'atteindre à la perfection que nous rêvions. Jamais le public n'a reconnu MM. Tony Johannot et Ziegler dans les copies infidèles que nous donnions de leurs dessins gracieux. Enfin pendant l'hiver de 1829-1830, nous admirâmes les planches qui indiquaient des travestissements pour les bals. C'était bien réellement des femmes et des hommes !... L'on devinait, et leur caractère, et leur danse, et leurs mœurs, sous la basquina de l'Andalouse, sous les gilets de l'Irlandaise ; tout était merveilleusement dessiné, colorié !... Les vêtements étaient bien de la soie, de la gaze !... Un homme concevait les dessins de mode comme une spécialité. Notre idée était dans une tête d'artiste, et nous apprîmes bientôt que cet artiste se vouait à la tâche de copier, de saisir, de créer la haute société comme Henry Monnier, Charlet avaient tiré du néant les grisettes, les soldats, les enfants et les niais. Encouragé par nos éloges et par nos sacrifices, **Gavarni** consentit à surveiller les travaux des graveurs, et bientôt, ses dessins mieux traduits, ont surpris le public. L'exposition de ses originaux au musée Colbert, a mis le sceau à la réputation de notre spirituel collaborateur.

Article paru dans La Mode, 2 octobre 1830

GAVARNI
Pierrot – Nouveaux travestissements
1831, lithographie. Coll. Maison de Balzac, Paris.

Les Bacchanales de 1831

*La gravure de Grandville avait été publiée quelques jours avant le pillage
de l'archevêché de Paris, les 14 et 15 février 1831. Balzac rappelle ici
l'importance politique de la caricature mais il semble surtout chercher
dans ce texte au rythme rapide, ponctué de points d'exclamation
et de suspension, une esthétique littéraire proche de celle des dessinateurs.*

 Il y a dans **la caricature de Grandville** une traduction si vive de l'histoire
contemporaine, que l'on croit lire une page où Molière, Juvénal et Tacite
ont déposé tour à tour leurs pensées diversement originales.
Où est l'article de journal qui ait plus artistement stigmatisé la politique
de notre diplomatie que ce costume de Polonais loué à notre ministère ?...
Un habit d'arlequin est réclamé par un pair de France !... Quoi, un seul !...
Ah l'honnête homme. Eh ! qui ne pouffera de rire en voyant un avocat célèbre
déguisé en homme de courage et M. G*** en carmagnole,
lui disant : « Tu as beau faire, tu as peur !... »
Puis l'Académie enveloppée dans les bandelettes d'une momie restant
immobile dans une sorte de *statu quo* metterniquois... Oh ! comme on voit
bien qu'elle a dû élire Viennet, et refuser Benjamin Constant... La liberté
sort de l'hôpital, soutenue par *L'Avenir* en charlatan, et par un vétéran
dont la *dégaine* historique est si admirablement bien rendue, qu'il y a dans
cette figure toute une biographie inexorable. Ne rend-elle pas le dévouement
sénile d'un amant fidèle jusqu'au tombeau ! Le pape et la papesse dansant
une valse, sont de ces figures que rien ne saurait payer. La ravissante papesse
ayant un vieux pape qui défaille entre ses bras et se retient de galoper...
est peut-être une double épigramme. Est-ce Rome qui chancelle devant
un nouveau culte étourdi ? Mais voici la création la plus prophétique !
Six jours avant les vengeances populaires, l'impitoyable dessinateur
montrait l'archevêque tenant d'un bras la palme du martyre, de l'autre
un verre de vin de Champagne, et faisant la nique aux vainqueurs de Juillet
qui ont de grands nez. Il y a dans tout cela des leçons pour tout le monde,
et nous ne savons pas si l'expression du temps présent, lithographié d'une
manière si incisive, suggérera quelque pensée utile aux pantins politiques.

Article paru dans *La Caricature*, le 17 février 1831

GRANDVILLE
Les Bacchanales de 1831
Dessin publié dans *La Caricature*, vol. 1, n° 16, 17 février 1831,
lithographie, 36 × 26 cm. Coll. Maison de Balzac, Paris.

*Après son lancement en novembre 1830, l'hebdomadaire « La Caricature » compte
pour quelques mois Balzac comme collaborateur. Les premiers numéros proposent
aux lecteurs des caricatures très soignées, insérées dans chaque journal, parfois
imprimées sur des doubles pages et rehaussées de couleurs appliquées à la main :
c'est l'une de ces œuvres très spectaculaires que l'auteur commente dans cet extrait.*

Récréations par Henry Monnier

Cet article témoigne du désir de Balzac de rendre justice à l'artiste
et de promouvoir la forme d'expression alors secondaire qu'est la gravure,
ainsi que le « langage éphémère » créé par les caricaturistes.
L'éloge d'Henry Monnier associe la création à une vision supérieure
— une conception de l'art qui s'applique aussi bien aux écrivains.

Henry Monnier a tous les désavantages d'un homme supérieur, et il doit les accepter, parce qu'il en a tous les mérites. Nul dessinateur ne sait mieux que lui saisir un ridicule et l'exprimer ; mais il le formule toujours d'une manière profondément ironique. Monnier, c'est l'ironie, l'ironie anglaise, bien calculée, froide, mais perçante comme l'acier d'un poignard.
Il sait mettre toute une vie politique dans une perruque, toute une satire, digne de Juvénal, dans un gros homme vu par le dos. Il trouve des rapports inconnus entre deux postures, et vous oppose une épaisse douairière, armé de lunettes, à la jeune fille mince ; de telle façon que vous vous moquez de vos proches. Son observation est toujours amère ; et son dessin, tout voltairien, a quelque chose de diabolique. Il n'aime pas les vieillards, il n'aime pas les plumitifs, il abhorre l'épicier ; il vous fait rire de tout, même de la femme ; et il ne vous console de rien.
Il s'adresse donc à tous les hommes assez forts et assez puissants pour voir plus loin que ne voient les autres, pour mépriser les autres, pour n'être jamais bourgeois, enfin à tous ceux qui trouvent chez eux quelque chose après le désenchantement, car il désenchante. Or, ces hommes sont rares, et plus Monnier s'élève, moins il est populaire. Il a les approbations les plus flatteuses, celles de ceux qui font l'opinion, mais l'opinion est une enfant dont l'éducation est longue et qui coûte beaucoup en nourrice. Si Monnier n'atteint pas aujourd'hui au succès de vente de ses rivaux, un jour, les gens d'esprit, et il y en a beaucoup en France, l'auront loué, apprécié, recommandé ; et il deviendra un préjugé comme beaucoup de gens dont on vante les œuvres sur parole. Il est à regretter qu'un artiste aussi étonnant de profondeur n'ait pas embrassé la carrière politique du pamphlétaire à coups de crayon : il eût été une puissance.

Article paru *La Caricature*, le 31 mai 1832

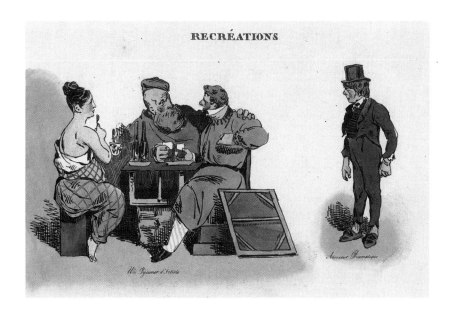

HENRY MONNIER
Un déjeuner d'artiste
Série « Récréations du cœur et de l'esprit », planche 10,
1826, lithographie coloriée à la plume. Coll. Maison de Balzac, Paris.

223

Une conversation entre onze heures et minuit

Balzac a écrit deux nouvelles dans le recueil collectif des Contes bruns.
Une conversation entre onze heures et minuit *juxtapose des épisodes
de la vie militaire – révolte des Chouans, guerre d'Espagne, campagnes
napoléoniennes –, qui fournissent le prétexte à des récits courts
et particulièrement noirs.*

— Oh! dit un officier qui n'avait pas encore parlé de la soirée, les scènes
de la vie militaire pourraient fournir des milliers de drames. Pour ma part,
je connais cent aventures plus curieuses les unes que les autres ;
mais en m'en tenant à ce qui m'est personnel, voici ce qui m'est arrivé...
Il se leva, se mit devant nous, au milieu de la cheminée, et commença ainsi :
— C'était vers la fin d'octobre ; mais non, ma foi, c'était bien dans
les premiers jours de novembre 1809, je fus détaché d'un corps d'armée
qui revenait en France, pour aller dans les gorges du Tyrol bavarois. [...]
Ce fragment de conversation est sincère et véritable. Je puis affirmer que,
sauf de légères inexactitudes, bien pardonnables, et qui n'ont adultéré
ni le sens ni la pensée, tout ceci a été dit par des hommes d'un haut mérite.
N'est-ce pas un problème intéressant à résoudre pour l'art en lui-même,
que de savoir si la nature, textuellement copiée, est belle en elle-même ?
Nous avons tous été fortement émus, un lecteur le sera-t-il ?... Nous allons
voir la **Marguerite de Scheffer** ; et nous ne faisons pas attention à des
créatures qui fourmillent dans les rues de Paris, bien autrement poétiques,
belles de misère, belles d'expression, sublimes créations, mais en guenilles...
Aujourd'hui nous hésitons entre l'idéalisation et la traduction littérale
des faits, des hommes, des événements.
Choisissez... Voici une aventure où l'art essaie de jouer le naturel.

Naifveté

Les Contes drolatiques, inspirés de Rabelais et des conteurs du XVIe siècle, ont dérouté les contemporains de Balzac, tant en raison du langage pseudo-médiéval, inventé par l'auteur, que du propos volontiers truculent. Naifveté *est un court conte présentant un mot d'enfant de la future reine Margot et de son frère François II, au vu d'une peinture de Titien figurant Adam et Ève.*

La royne Catherine estoyt en cettuy temps daulphine, et pour se fayre bien vennir du roy son beau père, lequel alloyt lors pietrement, le guerdonnoyt de temps à aultre de tableaux italians, saichant que il les aymoit moult, estant amy du sieur Raphael d'Urbin, des sieurs Primatice et Leonardo da Vinci, auxquels il envoyoit de nottables sommes. À doncques elle obtinst de sa famille, laquelle avoyt la fleur de ces travaulx pour ce que le duc Medici gouvernoyt alors la Toscquane, ung pretieulx quadre painct par ung Venicien ayant nom **Titian**, peintre de l'empereur Charles et trez en faveur, où il avoyt pourtraict **Adam et Ève** au moment où Dieu les lairroyt deviser dedans le paradiz terrestre, et estoyent de grandeur natturelle dans le costume de leur temps, sur lequel il est difficile d'errer, veu que ils estoyent vestus de leur ignorance et caparassonnez de la grâce divine qui les envellopoit, chozes ardues à paindre à cauze de la couleur et ce en quoy avoyt excellé mon dict sieur Titian. Le tableau feut miz en lachambre du paovre roy qui lors souffroit moult du mal dont il moureust. Cette paincture eust ung grand succest à la court de France où chascun souloyt la voir, ains aulcun n'eust ceste licence avant la mort du roy, veu que sur son dezir, ce dict cadre feut lairré dedans sa chambre autant que il vesquit.

TITIEN
Adam & Ève
Vers 1550, huile sur toile, 240 × 186 cm.
Coll. Musée du Prado, Madrid.

227

BALZAC VU
PAR LES ARTISTES

Grotesques ou glorieux, portraits de Balzac

*Effrayante pensée! Nous sommes tous comme des planches
lithographiques dont une infinité de copies se tire par la médisance.
Ces épreuves ressemblent au modèle ou en diffèrent
par des nuances tellement imperceptibles que la réputation dépend,
sauf les calomnies de nos amis et les bons mots d'un journal,
de la balance faite par chacun entre le Vrai qui va boitant
et le Mensonge à qui l'esprit parisien donne des ailes.*

HONORÉ DE BALZAC, *Madame Firmiani*

À quoi ressemblait Balzac? À en croire ses contemporains, ce serait à un caméléon. Si tous s'accordent sur sa petite taille, son embonpoint et ses joues rouges, les jugements d'ensemble diffèrent souvent radicalement. La liste des adjectifs employés pour le décrire surprend par sa diversité: vulgaire, élégant, grossier, doux et spirituel, affreux, fin, grotesque, coquet, épais, digne... Bien des femmes reconnaissent avoir été impressionnées par son regard, «deux yeux d'un noir intense, deux yeux qui jettent du feu lorsqu'il s'anime, le feu que l'on retrouve sous sa plume». Elles forment, il est vrai, le principal lectorat de Balzac. La perception des hommes est généralement moins tendre; «un petit homme gros, gras, figure de panetier tournure de savetier, envergure de tonnelier, allure de bonnetier, mine de cabaretier, et voilà.»[1]

En revanche, la plupart des artistes se montrent indulgents. Certes, Alfred de Vigny évoque un jeune homme très maigre, très sale, très bavard. Mais Lamartine retient comme trait dominant la bonté communicative du visage de Balzac, George Sand est fascinée par la magie de son regard, le grand acteur Frédéric Lemaître à qui l'on avait dit Balzac laid, le trouve superbe, frappé par un aspect étrange où il voit la marque évidente du génie.

L'apparence de Balzac nous est parvenue à travers plusieurs représentations. La première est l'œuvre d'Achille Devéria qui le peint à 24 ans, jeune garçon aux joues rondes et aux cheveux bouclés. Viennent ensuite quelques croquis hâtivement tracés, silhouettes plus que portraits. Balzac a 40 ans lorsque Gavarni le dessine debout, l'air sérieux, en robe

1. Victor Balabine, le 14 juillet 1843.

230

de chambre. En 1842, Bisson prend au daguerréotype le seul cliché connu de l'écrivain. Il pose l'année suivante devant David d'Angers : « Il a fallu dix séances d'un jour à David, et aujourd'hui, chère minette, je donne la dernière séance, le buste est fini, et il y a convocation de quelques amis pour voir ce que vous ne verrez pas, ce qui n'a qu'un jour d'existence : à savoir la glaise au moment où elle porte l'empreinte du dernier travail de l'artiste, ce glorieux et léger faire, cette vie, que l'opération du moulage détruit et que l'artiste doit refaire, Dieu sait s'il le peut, pour le marbre quand le praticien le lui livre ; mais j'ai promis à David de poser quelques séances pour le marbre. »[2]

Ces portraits privés ne sont toutefois pas divulgués auprès du public qui connaît surtout de Balzac des images très déformées, essentiellement celles publiées dans la presse. La caricature est en effet au début du XIXe siècle un genre très apprécié et les personnages publics, artistes ou hommes politiques, en font les frais. Balzac est en 1835 le prétexte à deux statuettes caricaturales éditées par Dantan, sculpteur spécialisé dans la « charge » d'hommes célèbres. De ces figurines, la plus connue le représente replet, la tête à demi rasée, une dentition imparfaite révélée par un grand sourire, avec un chapeau et sa très grande canne. Le socle porte des attributs de l'écrivain ; la canne, le chapeau, la chevelure et les ciseaux. Dantan semble anticiper la décision de Balzac de couper ses longs cheveux, comme l'explique le texte qui accompagne cette caricature : « nous prévenons les femmes de 30 ans et au-dessus qu'après l'apparition de sa charge, Balzac, pour se rendre méconnaissable, s'est fait couper sa longue chevelure ; mais hélas ! peine inutile, le grand homme ne réfléchissait pas que son ventre trahirait son incognito. »

Comme la plupart des modèles, Balzac est dans un premier temps flatté de ces caricatures qui prouvent sa célébrité et en parle d'un ton léger. « Ils me prennent au sérieux, si bien que Dantan a fait ma charge. La voulez-vous ? Je vous l'enverrai avec le manuscrit de *Séraphîta* et tous les volumes que j'ai à vous envoyer. » Et il ajoute qu'il joindra à sa lettre « mes deux charges en plâtre par Dantan qui a caricaturé tous les grands hommes. Le sujet principal de la charge est cette fameuse canne à ébullition de turquoises, à pomme ciselée, qui a plus de succès en France que toutes mes œuvres. Quant à moi, il m'a chargé sur ma grosseur. J'ai l'air de Louis XVIII. »

Un an plus tard, alors que Théophile Gautier constate qu'« il n'existe pas d'autre portrait [de Balzac] que la charge de Dantan – si l'on peut appeler cette grimace de plâtre un portrait »[3], Balzac qui vient d'intenter un procès retentissant pour la protection du droit moral sur ses écrits, commence à associer la caricature qui déforme la silhouette à la contrefaçon qui donne une fausse image de l'œuvre. Il décrie alors cette « mauvaise charge » de Dantan et « l'horrible lithographie » qu'elle a inspirée. Mais il décide surtout

2. Lettre à madame Hanska du 3 décembre 1843.
3. *La Presse*, le 13 octobre 1836.

de se faire portraiturer sous un jour plus flatteur et s'adresse au peintre Louis Boulanger, alors qu'il avait refusé trois ans plus tôt à François Gérard l'autorisation de faire son portrait, alléguant qu'il n'était « pas un assez beau poisson pour être mis à l'huile ». L'écrivain a pris conscience que son image et celle de son œuvre étaient indissociables, et que les caricatures contribuaient aussi à déformer la perception de ses romans.

Malgré cette prise de conscience, les portraits publics de Balzac sont restés rares et les contemporains qui n'ont pas croisé l'écrivain ou ne sont pas allés au Salon contempler la peinture de Louis Boulanger exposée en 1837 ou le pastel de Jean-Alfred Gérard-Séguin en 1842, le connaissent seulement par les caricatures ou par des gravures à peine plus fidèles. À la différence de Victor Hugo qui contrôlait jusqu'aux caricaturistes et qui, très attentif au regard de ses contemporains, a su imposer différents portraits restés dans les mémoires, Balzac n'a pas réussi à se forger une image.

Après le décès de l'écrivain, sa veuve s'oppose à l'érection d'un monument. Plusieurs sculpteurs comme Anatole Marquet de Vasselot et Pierre-Eugène-Émile Hébert modèlent cependant des bustes ou des effigies, sans doute dans l'espoir d'obtenir une commande publique, mais aucun ne parvient à créer une représentation de référence.

Les recherches de Rodin

En 1883, le sculpteur Henri Chapu est sollicité par la Société des gens de lettres soucieuse d'ériger une statue à Balzac qui fut l'un de ses plus illustres présidents. Il ébauche un monument qui montre l'écrivain sur un socle, entouré des attributs de la gloire, mais meurt avant d'achever son projet. Celui-ci est alors confié à Rodin qui souhaite restituer l'image d'un grand romancier mais qui, très attentif à la ressemblance, entreprend aussi d'emblée un important travail documentaire sur l'apparence de Balzac. Cette enquête se révélant insatisfaisante, Rodin commence à chercher d'autres renseignements, d'autres modèles, s'intéressant non seulement aux portraits réalisés du vivant de Balzac, mais aussi aux souvenirs de ceux qui l'avaient connu. Rodin est convaincu que la région de naissance joue un rôle déterminant sur le physique. Bien que le père de Balzac soit originaire du Sud-Ouest de la France et que sa mère soit parisienne, Rodin part en Touraine où naquit l'écrivain et y prend pour modèle un conducteur de fiacre tourangeau, Estager, que des témoins âgés réputent être le sosie de l'écrivain. Après deux années de travaux acharnés, Auguste Rodin, insatisfait, renonce à la ressemblance et, dépouillant Balzac au propre comme au figuré, réalise un nu qui servira de base à ses nouvelles recherches : le portrait d'un artiste. Ces hésitations chez un sculpteur comme Rodin sont assez révélatrices de la difficulté à définir l'écrivain. Cinquante ans après la mort de Balzac, aucune image ne s'est imposée.

Curieusement, la cause de ce flottement a été identifiée par Balzac lui-même : un écrivain est vu le plus souvent à travers le prisme de son œuvre : « Malgré l'incertitude des lois qui régissent la physiognomonie littéraire, les lecteurs ne peuvent jamais rester impartiaux entre un livre et le poète. Involontairement, ils dessinent, dans leur pensée, une figure, bâtissent un homme, le supposent jeune ou vieux, grand ou petit, aimable ou méchant. L'auteur une fois peint, tout est dit. *Leur siège est fait !* »[4].

De fait, si l'apparence de l'écrivain a généré des sentiments variés chez ceux qui l'ont croisé, sa *Comédie humaine* a laissé aux lecteurs des impressions encore plus hétérogènes. On mesure mal aujourd'hui l'ampleur des réactions suscitées par certains romans dès leur parution. Et pourtant, la pensée politique, morale, l'univers romanesque de Balzac, ses qualités d'écrivain, sont encensées ou vouées aux gémonies, avec une violence inouïe ou une admiration absolue.

Les principaux reproches découlent de l'esprit même dans lequel a été créée cette œuvre. Analyste des mœurs, Balzac observe ses contemporains avec la froideur de l'entomologiste et restitue la société telle qu'il la voit, au lieu de suggérer un monde idéal. Il présente donc des figures admirables comme des créatures dépravées, parce qu'il en existe. Un héros n'est jamais ni tout blanc ni tout noir, ceux parés des plus grandes vertus dissimulent des zones d'ombre et les pires créatures ont leur jardin secret : Henriette de Mortsauf, le « lys dans la vallée », noue avec le jeune Félix de Vandenesse des relations très complexes ; l'implacable Vautrin pleure lorsqu'il apprend la mort de Lucien de Rubempré. Aucune des déviations morales ni même sexuelles n'est ignorée de l'écrivain. La sobriété du récit les laisse toutefois dans l'ombre, invisibles aux âmes candides, comme au lecteur trop pressé ou peu sensible aux nuances de l'analyse psychologique. La réception des romans n'a cessé d'évoluer dans le temps et l'espace et *La Comédie humaine* n'est aujourd'hui pas ressentie de la même manière selon les pays, l'éducation, l'expérience personnelle.

Pas étonnant donc, que l'image de l'écrivain soit elle-même brouillée, comme dans la *Théorie du conte*, court récit où Balzac décrit la fantastique apparition de cent exemplaires de sa propre personne dans son petit appartement, et qui révèle la conscience d'une personnalité aux cent facettes contradictoires mais complémentaires : un trouble dissociatif à la puissance dix !

Il paraissait donc particulièrement opportun de présenter des textes relatifs à la création artistique issus de *La Comédie humaine* en regard des portraits de Balzac réalisés par ses contemporains ou largement postérieurs. À l'évidence, cette puissance créatrice fascine les peintres au point qu'en le représentant, c'est souvent l'image de l'artiste – voire leur portrait intime – qu'ils donnent, à l'exemple de Picasso dans sa suite de gravures du *Chef-d'œuvre inconnu*.

4 Honoré de Balzac, *La Peau de chagrin*.

Autoportrait rêvé

THÉORIE DU CONTE

" Hier en rentrant chez moi, je vis un nombre incommensurable d'exemplaires de ma propre personne, tous pressés les uns contre les autres à l'instar des harengs au fond d'une tonne. Ils répercutaient dans un lointain magique ma propre figure, comme, lorsque deux glaces se répondent, la lueur d'une lampe posée au milieu d'un salon est répétée à l'infini dans l'espace sans bornes contenu entre la surface du verre et son tain. Pour un bourgeois de la rue Saint-Denis, c'eût été un effrayant spectacle ; pour moi, ce n'était rien. Il n'y avait rien d'extraordinaire à ce que le fantastique fût venu frapper à la porte d'un pauvre homme qui vit de fantaisie. J'inclinai la tête pour saluer tous mes sosies, et tous inclinèrent la tête en même temps que moi et de la même manière que je l'inclinai. Je m'assis en attirant à moi la petite table gothique sur laquelle j'écris, et alors le premier moi-même fit deux pas, se tint debout devant ma cheminée, et parut prêt à parler. Un joli garçon vraiment, bien pimpant, bien cravaté, le pied chaussé de bottes en escarpin, luisantes et noires comme l'œil d'un corbeau. Le gilet était irréprochable, les gants jaunes, admissibles en tout pays. [...] C'était le dandy, l'homme à cervelle creuse, celui de tous les moi-même qui a le plus de succès.

[...] Un second moi-même se dressa tout à coup. Celui-là était en robe de chambre violette, il avait le front ridé, les lèvres jaunes de café, la barbe longue, les yeux brillants et calmes, le teint rouge, un cordon de soie autour des reins, une calotte de velours violet sur la tête, un grand rabat de bourgmestre hollandais en guise de collet. Il était éclairé par la lueur soucieuse d'une lampe, il avait cinquante ans... Celui-là était l'homme aux conceptions, l'homme qui ne dort plus, l'homme dont le regard va loin, l'homme de courage, l'homme affaissé sous le poids de la pensée.

[...] J'allais battre un ban à tous nos grands hommes, lorsque mon moi-même qui ne rit jamais, sourit, me montra les cent expressions de la formule algébrique représentées par les cent moi-même, qui paraissent vouloir sortir de leur prison, et venir un à un me conter leur formule, dont aucune ne devait ressembler aux précédentes.

Je m'étendis nonchalamment sur mon divan, et je me dis : « Allez !... »

Auguste Louis Lepère d'après Achille Devéria
Portrait d'Honoré de Balzac jeune
1825, gravure. Coll. Maison de Balzac, Paris

*Balzac a offert à Laure de Berny ce portrait, le premier que l'on possède
de l'écrivain. L'inscription en latin « Et nunc et semper » [maintenant et toujours]
rédigée de la main de Balzac affirme le caractère impérissable de son amour
pour madame de Berny, déclaration qui devient publique en 1832 avec la dédicace
du roman « Louis Lambert » : « Et nunc et semper dilectae dicatum »
[dédié à l'élue de mon cœur maintenant et toujours].*

*En 1843, Bertall rencontre Balzac : « Il était neuf heures du matin, un monsieur
vint sonner à ma porte. [...] Du premier coup d'œil je reconnus M. de Balzac
que je n'avais jamais vu, aux descriptions qui m'en avaient été faites. Cette tête
puissante, cet œil fin et inquisiteur, ces cheveux grisonnants rejetés en arrière,
c'était lui. Je devins pâle d'émotion, j'avais comme un tremblement nerveux,
et mes jambes semblaient se dérober sous moi. »*

CARJAT
Honoré de Balzac en robe de chambre
1856, gravure sur bois, 39,1 × 23,8 cm. Coll. Maison de Balzac, Paris.

*Comme beaucoup de caricaturistes, Carjat s'est inspiré du tableau
de Louis Boulanger, présenté au Salon de 1837. Il a néanmoins apporté
une innovation notable, en accrochant à la ceinture de l'écrivain deux figurines
d'un homme en haut-de-forme et d'une femme, symboles des personnages
avec lesquels Balzac a joué toute sa vie.*

JEAN-PIERRE DANTAN, DIT DANTAN LE JEUNE
Honoré de Balzac
1835, plâtre teinté, haut. 34 cm. Coll. Maison de Balzac, Paris.

Balzac a fait l'objet de deux statuettes caricaturales, éditées par Dantan en 1835.
Contrairement à la plupart des réalisations de Dantan, le socle ne présente pas
le nom sous forme de rébus mais porte des attributs de l'écrivain ; la grosse canne,
le chapeau, la chevelure et les ciseaux.

239

Gavarni
Honoré de Balzac en robe de moine
Vers 1840, dessin, 22,5 × 18 cm. Coll. Maison de Balzac, Paris.

*Gavarni a bien connu Balzac. Ils ont notamment voyagé ensemble
à Bourg-en-Bresse et à Belley pour tenter de défendre leur ami commun
Sébastien-Benoît Peytel, accusé du meurtre de sa femme. Mais leurs efforts
resteront vains : Peytel est décapité à Bourg le 28 octobre 1839.*

240

LOUIS BOULANGER
Portrait d'Honoré de Balzac
Vers 1836, huile sur toile, 61 × 50,5 cm. Coll. Musée des Beaux-Arts, Tours.

Lorsque le portrait de Balzac en bure de Chartreux est présenté au Salon,
les visiteurs n'assimilent pas ce costume à l'enfermement monacal ni à l'ascèse
de l'écriture, mais y voient au contraire la jovialité gourmande du moine paillard
et glouton, lieu commun de la littérature depuis le XVe siècle.

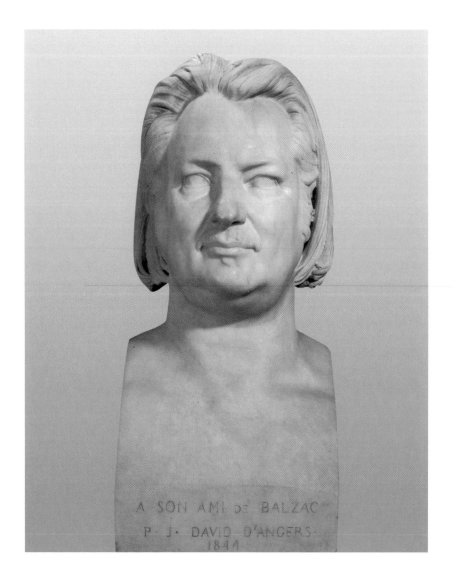

PIERRE-JEAN DAVID D'ANGERS
Honoré de Balzac
1844, marbre, 77,5 × 36 × 36,7 cm, Coll. Maison de Balzac, Paris.

*Dans sa lettre à Mme Hanska du 21 novembre 1842, Balzac annonce le projet
du buste : « David veut faire mon buste colossal en marbre pour le joindre à ceux
de Chateaubriand, de Victor Hugo, de Lamartine, de Gœthe, de Cooper.
Et cela, chère comtesse, console de bien des misères car David pour cent mille francs
ne ferait pas le buste d'un épicier-ministre comme les Cunin-Gridaine,
les Martin et autres. Il a trois fois refusé aux aides de camp de Louis-Philippe
de faire le buste de Louis-Philippe. »*

Pierre Hébert
Honoré de Balzac, buste monumental
1877, plâtre patiné, 100 × 77 cm. Coll. Maison de Balzac, Paris.

Après la mort de Balzac en 1850, artistes et écrivains proposent d'ouvrir
une souscription pour un monument à sa mémoire, mais ces initiatives se heurtent
au refus de la veuve de l'auteur. Quelques sculpteurs s'essaient cependant
à des tentatives de glorification mais, faute de commande, s'en tiennent
à l'exécution de bustes en plâtre ou en terre cuite.

HENRI CHAPU
Esquisse pour le monument de Balzac
1890, épreuve en plâtre, 59 × 28 cm. Coll. Maison de Balzac, Paris.

Trente ans après la mort de Balzac, Émile Zola, devenu président de la Société
des Gens de Lettres, s'indigne que nul n'ait songé à honorer le plus grand écrivain
du siècle. La Société ouvre alors une souscription et retient Henri Chapu (1833-1891)
qui réalise une esquisse très avancée, mais il meurt avant d'avoir achevé son œuvre.

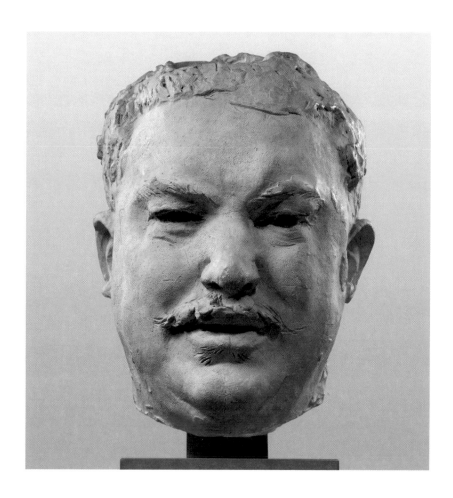

AUGUSTE RODIN
Honoré de Balzac
Vers 1891, terre cuite, haut. 23,5 cm.
Coll. The Metropolitan Museum of Art, New York.

Le 6 juillet 1891, la Société des gens de lettres désigne Rodin pour succéder
à Chapu. Le sculpteur connaît mal Balzac et veut faire une statue
à sa ressemblance, prenant un modèle dont ce masque reproduit le visage.
Mais Rodin le reconnaît lui-même : « Le sentiment, l'intimité de l'homme,
voilà ce qu'il faudrait rendre... Et là, pensez si c'est commode, l'âme de Balzac ! »

Jean-Alexandre Falguière
Honoré de Balzac
1899, marbre, 51 × 36 × 30 cm. Coll. Maison de Balzac, Paris.

*Après avoir rejeté l'ultime projet de Rodin, la Société des gens de lettres transfère
la commande de la statue de Balzac à Falguière en 1898. La sculpture en marbre
est inaugurée avenue de Friedland, le 22 novembre 1902, en présence de Rodin.
Les qualités de ce monument ont été souvent oubliées par les critiques modernes
qui n'ont pas pardonné à Falguière d'avoir été préféré à Rodin.*

PAUL JEANNENEY D'APRÈS AUGUSTE RODIN
Tête d'Honoré de Balzac
Vers 1899, grès émaillé. Coll. Musée des Beaux-Arts de la Ville de Paris, Petit Palais.

Cette Tête fut réalisée par Jeanneney, à la demande de Rodin qui, employé
par la Manufacture de Sèvres au début de sa carrière, garda toujours un intérêt
pour la céramique. Le front aux orbites saillantes du penseur, l'expression
tourmentée du démiurge rejoignent ce qu'écrit Balzac dans « La Fille aux yeux
d'or » : « Un visage d'artiste est toujours exorbitant, il se trouve toujours en dessus ou
en dessous des lignes convenues pour ce que les imbéciles nomment le beau idéal. »

ZACHARIE ASTRUC
Honoré de Balzac
Bronze, 24,2 × 14,5 × 9 cm.
Coll. Musée d'Orsay, Paris.

*Astruc a sculpté cette étude pour « Le Marchand de masques », statue de 1883
installée dans le jardin du Luxembourg. Le socle est orné des masques
de célébrités, presque toutes issues du monde de l'art : on voit aux côtés d'Honoré
de Balzac, Jules Barbey d'Aurevilly, Hector Berlioz, Jean-Baptiste Carpeaux,
Camille Corot, Eugène Delacroix, Alexandre Dumas fils, Gabriel Fauré,
Léon Gambetta et Victor Hugo.*

En 1946, l'éditeur Skira publie un choix d'œuvres brèves de Balzac en douze
petits volumes et, pour en illustrer les couvertures, sollicite plusieurs artistes
contemporains : Balthus, Beaudin, Tal Coat, Derain, Giacometti, Eugène
de Kermadec, Élie Lascaux, Marquet, Masson, Picasso, Rey-Millet et Roux.
Ce dessin est le modèle réalisé par André Masson pour le volume 4.
Au dos, figure une esquisse biffée par le peintre.

Albert Marquet
Portrait d'Honoré de Balzac
1946, dessin à l'encre et la plume sur papier. Coll. Maison Balzac, Paris.

*Ce dessin est le projet définitif pour la couverture beige foncée, illustrée
d'un portrait de Balzac, du volume douze de la « Petite collection Balzac »,
qui contient « Sarrasine » et « La Messe de l'athée ».*

ANDRÉ DERAIN
Portrait d'Honoré de Balzac
1946, dessin à l'encre et à la plume sur papier, 18 × 16,5 cm.
Coll. Maison de Balzac, Paris.

André Derain n'a jamais illustré de roman de Balzac mais il a dessiné
ce portrait de l'écrivain pour le premier volume de la « Petite collection Balzac »,
consacré au « Balzac visionnaire » écrit par Albert Béguin.

Ci-dessus et page de droite
PABLO PICASSO
« Balzacs en bas de casse et Picassos sans majuscule » (1957)
ouvrage de Michel Leiris, illustré par 8 gravures de Picasso
25 novembre 1952, lithographie, 33 × 25,8 cm.
Coll. Musée Picasso, Paris.

Cette série de gravures témoigne du mode de travail de Pablo Picasso
qui décline le même thème en de successives variations, s'éloignant toujours plus
du dessin initial. Ici, contrairement à ses habitudes, l'artiste n'aboutit pas
à un résultat épuré mais à une gravure dense et massive, emplie de points
et de lignes qui transforment Honoré de Balzac en une sorte d'homme livre.
Comme Rodin, Picasso délaisse la ressemblance physique pour saisir l'essence
même de Balzac, un artiste dévoré par son feu intérieur, un créateur.

Enrico Baj
Ubuzac
1999, peinture sur toile de lin, acrylique noire, blanche et rouge, 255 × 236 cm.
Coll. Maison de Balzac, Paris.

*« Ubuzac » d'Enrico Baj offre un croisement chimérique du père Ubu tel que
l'a dessiné Alfred Jarry (l'aspect informe du corps ; « la gidouille », cette spirale
sur le ventre) et de la statue de Balzac par Rodin. Baj rend hommage à l'auteur
de « La Comédie humaine », mais critique sa récupération comme emblème littéraire
par une société bourgeoise ; s'attaquant avec ironie au concept de grand homme.*

Auguste Rodin
Monument à Balzac
Bronze (fonte d'Alexis Rudier en 1935). Coll. Maison de Rodin, Meudon.

Après avoir longtemps cherché une impossible ressemblance, Rodin ne décrit pas
Balzac mais symbolise la puissance de l'artiste, développant pleinement
une intuition développée dès 1891 : « Pour moi Balzac est avant tout un créateur
et c'est l'idée que je souhaiterais faire comprendre dans ma statue. »

ÉCRITS SUR L'ART

L'art selon Balzac

Ces extraits sont présentés dans l'ordre chronologique pour mieux rendre compte de l'évolution de Balzac. À 30 ans, l'écrivain s'interroge sur l'essence même du génie et propose une théorie très originale de la création artistique, sous forme de fables ou de textes fantastiques. Au fil des années, confronté lui-même à des périodes d'impuissance créatrice et à une situation matérielle souvent difficile, Balzac inscrit dans la vie quotidienne les immenses efforts qu'exige la création, et s'intéresse de plus en plus aux différentes formes d'échec qui menacent les artistes.

ARTICLE PUBLIÉ DANS *LA MODE*
Traité de la vie élégante
DU 2 OCTOBRE AU 6 NOVEMBRE 1830

L'ARTISTE EST UNE EXCEPTION : son oisiveté est un travail, et son travail est un repos ; il est élégant et négligé tour à tour ; il revêt à son gré la blouse du laboureur, et décide du frac porté par l'homme à la mode ; il ne subit pas de lois : il les impose. Qu'il s'occupe à ne rien faire ou médite un chef-d'œuvre sans paraître occupé ; qu'il conduise un cheval avec un mors en bois ou mène à grandes guides les quatre chevaux d'un britschka ; qu'il n'ait pas vingt-cinq centimes à lui ou jette de l'or à pleines mains, il est toujours l'expression d'une grande pensée et domine la société. [...] De cette doctrine se déduit un aphorisme européen : Un artiste vit comme il veut, ou... comme il peut.

ARTICLE PUBLIÉ DANS *LA SILHOUETTE*
Des Artistes
1830

UN HOMME QUI DISPOSE DE LA PENSÉE, est un souverain. Les rois commandent aux nations pendant un temps donné, l'artiste commande à des siècles entiers, il change la face des choses, il jette une révolution en moule ; il pèse sur le globe, il le façonne. Ainsi de Gutenberg, de Colomb, de Schwartz, de Descartes, de Raphaël, de Voltaire, de David. Tous étaient artistes, car ils créaient, ils appliquaient la pensée à une production nouvelle des forces humaines, à une combinaison neuve des éléments de la nature ou physique ou morale.

[...] une idée est souvent un trésor ; mais ces idées-là sont aussi rares que les mines de diamants le sont dans l'étendue de notre globe : il faut les chercher longtemps, ou plutôt les attendre ; il faut voyager sur l'immense océan de la méditation et jeter la sonde. Une œuvre d'art est une idée tout aussi puissante que celle à laquelle on doit les loteries, que l'observation physique qui a doté le monde de la vapeur, que l'analyse physiologique au moyen de laquelle on a renoncé aux systèmes pour coordonner et comparer les faits. Ainsi, tout va de pair dans ce qui procède de l'intelligence, et Napoléon est un aussi grand poète qu'Homère : il a fait de la poésie comme le second a livré des batailles. Chateaubriand est aussi grand peintre que Raphaël, et Poussin est aussi grand poète qu'André Chénier.

NOUVELLE PUBLIÉE
DANS LA *REVUE DE PARIS*
Sarrasine
1830

C'ÉTAIT PLUS QU'UNE FEMME, c'était un chef-d'œuvre ! Il se trouvait dans cette création inespérée, de l'amour à ravir tous les hommes, et des beautés dignes de satisfaire un critique. Sarrasine dévorait des yeux la statue de Pygmalion, pour lui descendue de son piédestal. Quand la Zambinella chanta, ce fut un délire. L'artiste eut froid ; puis, il sentit un foyer qui pétilla soudain dans les profondeurs de son être intime, de ce que nous nommons le cœur, faute de mot ! Il n'applaudit pas, il ne dit rien, il éprouvait un mouvement de folie, espèce de frénésie qui ne nous agite qu'à cet âge où le désir a je-ne-sais-quoi de terrible et d'infernal. Sarrasine voulait s'élancer sur le théâtre et s'emparer de cette femme. Sa force, centuplée par une dépression morale impossible à expliquer, puisque ces phénomènes se passent dans une sphère inaccessible à l'observation humaine, tendait à se projeter avec une violence douloureuse. À le voir, on eût dit d'un homme froid et stupide. Gloire, science, avenir, existence, couronnes, tout s'écroula. Être aimé d'elle, ou mourir, tel fut l'arrêt que Sarrasine porta sur lui-même. Il était si complètement ivre qu'il ne voyait plus ni salle, ni spectateurs, ni acteurs, n'entendait plus de musique. Bien mieux, il n'existait pas de distance entre lui et la Zambinella, il la possédait, ses yeux, attachés sur elle, s'emparaient d'elle. Une puissance presque diabolique lui permettait de sentir le vent de cette voix, de respirer la poudre embaumée dont ces cheveux étaient imprégnés, de voir les méplats de ce visage, d'y compter les veines bleues qui en nuançaient la peau satinée. Enfin cette voix agile, fraîche et d'un timbre argenté, souple comme un fil auquel le moindre souffle d'air donne une forme, qu'il roule et déroule, développe et disperse, cette voix attaquait si vivement son âme qu'il laissa plus d'une fois échapper de ces cris involontaires arrachés par les délices convulsives trop rarement données par les passions humaines.

SCÈNES
DE LA VIE PRIVÉE
La Vendetta
1830

UN PETIT POÊLE ET SES GRANDS TUYAUX, qui décrivaient un effroyable zigzag avant d'atteindre les hautes régions du toit, étaient l'infaillible ornement de cet atelier. Une planche régnait autour des murs et soutenait des modèles en plâtre qui gisaient confusément placés, la plupart couverts d'une blonde poussière.

Au-dessous de ce rayon, çà et là, une tête de Niobé pendue à un clou montrait sa pose de douleur, une Vénus souriait, une main se présentait brusquement aux yeux comme celle d'un pauvre demandant l'aumône, puis quelques écorchés jaunis par la fumée avaient l'air de membres arrachés la veille à des cercueils ; enfin des tableaux, des dessins, des mannequins, des cadres sans toiles et des toiles sans cadres achevaient de donner à cette pièce irrégulière la physionomie d'un atelier que distingue un singulier mélange d'ornement et de nudité, de misère et de richesse, de soin et d'incurie. Cet immense vaisseau, où tout paraît petit même l'homme, sent la coulisse d'opéra ; il s'y trouve de vieux linges, des armures dorées, des lambeaux d'étoffe, des machines ; mais il y a je-ne-sais-quoi de grand comme la pensée : le génie et la mort sont là ; la Diane ou l'Apollon auprès d'un crâne ou d'un squelette, le beau et le désordre, la poésie et la réalité, de riches couleurs dans l'ombre, et souvent tout un drame immobile et silencieux. Quel symbole d'une tête d'artiste !

qui ne saurait se retourner, ni changer de position. Je ne sens pas d'air entre ce bras et le champ du tableau ; l'espace et la profondeur manquent ; cependant tout est bien en perspective, et la dégradation aérienne est exactement observée ; mais, malgré de si louables efforts, je ne saurais croire que ce beau corps soit animé par le tiède souffle de la vie. Il me semble que si je portais la main sur cette gorge d'une si ferme rondeur, je la trouverais froide comme du marbre ! Non, mon ami, le sang ne court pas sous cette peau d'ivoire, l'existence ne gonfle pas de sa rosée de pourpre les veines et les fibrilles qui s'entrelacent en réseaux sous la transparence ambrée des tempes et de la poitrine. Cette place palpite, mais cette autre est immobile, la vie et la mort luttent dans chaque détail : ici c'est une femme, là une statue, plus loin un cadavre. Ta création est incomplète. Tu n'as pu souffler qu'une portion de ton âme à ton œuvre chérie. Le flambeau de Prométhée s'est éteint plus d'une fois dans tes mains, et beaucoup d'endroits de ton tableau n'ont pas été touchés par la flamme céleste.

ÉTUDES
PHILOSOPHIQUES
Le Chef-d'œuvre inconnu
1831

REGARDE TA SAINTE, POURBUS ? Au premier aspect, elle semble admirable mais au second coup d'œil on s'aperçoit qu'elle est collée au fond de la toile et qu'on ne pourrait pas faire le tour de son corps. C'est une silhouette qui n'a qu'une seule face, c'est une apparence découpée, une image

– LA MISSION DE L'ART n'est pas de copier la nature, mais de l'exprimer ! Tu n'es pas un vil copiste, mais un poète ! s'écria vivement le vieillard en interrompant Pourbus par un geste despotique. Autrement, un sculpteur serait quitte de tous ses travaux en moulant une femme ! Hé ! bien, essaie de mouler la main de ta maîtresse et de la poser devant toi, tu trouveras un horrible cadavre sans aucune ressemblance, et tu seras forcé d'aller trouver le ciseau de l'homme qui, sans te la copier exactement, t'en figurera le mouvement et la vie.

Nous avons à saisir l'esprit, l'âme, la physionomie des choses et des êtres. Les effets ! Les effets ! Mais ils sont les accidents de la vie, et non la vie. Une main, puisque j'ai pris cet exemple, une main ne tient pas seulement au corps, elle exprime et continue une pensée qu'il faut saisir et rendre. Ni le peintre, ni le poète, ni le sculpteur ne doivent séparer l'effet de la cause qui sont invinciblement l'un dans l'autre ! La véritable lutte est là ! Beaucoup de peintres triomphent instinctivement sans connaître ce thème de l'art. Vous dessinez une femme, mais vous ne la voyez pas ! Ce n'est pas ainsi que l'on parvient à forcer l'arcane de la nature. Votre main reproduit, sans que vous y pensiez, le modèle que vous avez copié chez votre maître. Vous ne descendez pas assez dans l'intimité de la forme, vous ne la poursuivez pas avec assez d'amour et de persévérance dans ses détours et dans ses fuites. La beauté est une chose sévère et difficile qui ne se laisse point atteindre ainsi, il faut attendre ses heures, l'épier, la presser et l'enlacer étroitement pour la forcer à se rendre. La forme est un Protée bien plus insaisissable et plus fertile en replis que le Protée de la fable, ce n'est qu'après de longs combats qu'on peut la contraindre à se montrer sous son véritable aspect ; vous autres ! vous vous contentez de la première apparence qu'elle vous livre, ou tout au plus de la seconde, ou de la troisième ; ce n'est pas ainsi qu'agissent les victorieux lutteurs !

Ni le peintre, ni le poète, ni le sculpteur ne doivent séparer l'effet de la cause qui sont invinciblement l'un dans l'autre !

Ces peintres invaincus ne se laissent pas tromper à tous ces faux-fuyants, ils persévèrent jusqu'à ce que la nature en soit réduite à se montrer toute nue et dans son véritable esprit.

– **Le jeune Poussin est aimé par une femme** dont l'incomparable beauté se trouve sans imperfection aucune. Mais, mon cher Maître, s'il consent à vous la prêter, au moins faudra-t-il nous laisser voir votre toile. Le vieillard resta debout, immobile, dans un état de stupidité parfaite. Comment ! s'écria-t-il enfin douloureusement, montrer ma créature, mon épouse ? déchirer le voile sous lequel j'ai chastement couvert mon bonheur ? Mais ce serait une horrible prostitution ! Voilà dix ans que je vis avec cette femme, elle est à moi, à moi seul, elle m'aime. Ne m'a-t-elle pas souri à chaque coup de pinceau que je lui ai donné ? Elle a une âme, l'âme dont je l'ai douée. Elle rougirait si d'autres yeux que les miens s'arrêtaient sur elle. La faire voir ! mais quel est le mari, l'amant assez vil pour conduire sa femme au déshonneur ? Quand tu fais un tableau pour la cour, tu n'y mets pas toute ton âme, tu ne vends aux courtisans que des mannequins coloriés. Ma peinture n'est pas une peinture, c'est un sentiment, une passion ! Née dans mon atelier, elle doit y rester vierge, et n'en peut sortir que vêtue. La poésie et les femmes ne se livrent nues qu'à leurs amants !

Possédons-nous le modèle de Raphaël, l'Angélique de l'Arioste, la Béatrix du Dante ? Non ! nous n'en voyons que les formes. Eh ! bien, l'œuvre que je tiens là-haut sous mes verrous est une exception dans notre art. Ce n'est pas une toile, c'est une femme ! Une femme avec laquelle je pleure, je ris, je cause et pense. Veux-tu que tout à coup je quitte un bonheur de dix années comme on jette un manteau ? Que tout à coup je cesse d'être père, amant et Dieu. Cette femme n'est pas une créature, c'est une création. Vienne ton jeune homme, je lui donnerai mes trésors, je lui donnerai des tableaux du Corrège, de Michel-Ange, du Titien, je baiserai la marque de ses pas dans la poussière ; mais en faire mon rival ? Honte à moi ! Ha ! ha ! je suis plus amant encore que je ne suis peintre.

LE JEUNE HOMME ÉPROUVAIT CETTE SENSATION PROFONDE qui a dû faire vibrer le cœur des grands artistes quand, au fort de la jeunesse et de leur amour pour l'art, ils ont abordé un homme de génie ou quelque chef-d'œuvre. Il existe dans tous les sentiments humains une fleur primitive, engendrée par un noble enthousiasme qui va toujours faiblissant jusqu'à ce que le bonheur ne soit plus qu'un souvenir et la gloire un mensonge. Parmi ces émotions fragiles, rien ne ressemble à l'amour comme la jeune passion d'un artiste commençant le délicieux supplice

Ce n'est pas une toile, c'est une femme ! Une femme avec laquelle je pleure, je ris, je cause et pense. [...] Cette femme n'est pas une créature, c'est une création.

de sa destinée de gloire et de malheur, passion pleine d'audace et de timidité, de croyances vagues et de découragements certains. À celui qui, léger d'argent qui, adolescent de génie, n'a pas vivement palpité en se présentant devant un maître, il manquera toujours une corde dans le cœur, je ne sais quelle touche de pinceau, un sentiment dans l'œuvre, une certaine expression de poésie. Si quelques fanfarons, bouffis d'eux-mêmes, croient trop tôt à l'avenir, ils ne sont gens d'esprit que pour les sots.

ÉTUDES PHILOSOPHIQUES
Préface de
La Peau de chagrin
1831

L'ART LITTÉRAIRE, ayant pour objet de reproduire la nature par la pensée, est le plus compliqué de tous les arts. Peindre un sentiment, faire revivre les couleurs, les jours, les demi-teintes, les nuances, accuser avec justesse une scène étroite, mer ou paysage, hommes ou monuments, voilà toute la peinture. La sculpture est plus restreinte encore dans ses ressources. Elle ne possède guère qu'une pierre et une couleur pour exprimer la plus riche des natures, le sentiment dans les formes humaines : aussi le sculpteur cache-t-il sous le marbre d'immenses travaux d'idéalisation dont peu de personnes lui tiennent compte.

Mais, plus vastes, les idées comprennent tout : l'écrivain doit être familiarisé avec tous les effets, toutes les natures. Il est obligé d'avoir en lui je ne sais quel miroir concentrique où, suivant sa fantaisie, l'univers vient se réfléchir ; sinon, le poète et même l'observateur n'existent pas ; car il ne s'agit pas seulement de voir, il faut encore se souvenir et empreindre ses impressions dans un certain choix de mots, et les parer de toute la grâce des images ou leur communiquer le vif des sensations primordiales...

ÉTUDES PHILOSOPHIQUES
La Peau de chagrin
1831

VOUS ÊTES-VOUS JAMAIS LANCÉ dans l'immensité de l'espace et du temps, en lisant les œuvres géologiques de Cuvier ? Emporté par son génie, avez-vous plané sur l'abîme sans bornes du passé, comme soutenu par la main d'un enchanteur ? En découvrant de tranche en tranche, de couche en couche, sous les carrières de Montmartre ou dans les schistes de l'Oural, ces animaux dont les dépouilles fossilisées appartiennent à des civilisations antédiluviennes, l'âme est effrayée d'entrevoir des milliards d'années, des millions de peuples que la faible mémoire humaine, que l'indestructible tradition divine ont oubliés et dont la cendre, poussée à la surface de notre globe, y forme les deux pieds de terre qui nous donnent du pain et des fleurs. Cuvier n'est-il pas le plus grand poète de notre siècle ? Lord Byron a bien reproduit par des mots quelques agitations morales, mais notre immortel naturaliste a reconstruit des mondes avec des os blanchis, a rebâti comme Cadmus des cités avec des dents, a repeuplé mille forêts de tous les mystères de la zoologie avec quelques fragments de houille, a retrouvé des populations de géants dans le pied d'un mammouth. Ces figures se dressent, grandissent et meublent des régions en harmonie avec leurs statures colossales. Il est poète avec des chiffres, il est sublime en posant un zéro près d'un sept. Il réveille le néant sans prononcer des paroles grandement magiques ; il fouille une parcelle de gypse, y aperçoit une empreinte, et vous crie : Voyez ! Soudain les marbres s'animalisent, la mort se vivifie, le monde se déroule !

– MONSIEUR DÉSIRE VOIR LE PORTRAIT DE JÉSUS-CHRIST PEINT PAR RAPHAËL ?, lui dit courtoisement le vieillard d'une voix dont la sonorité claire et brève avait quelque chose de métallique. Et il posa la lampe sur le fût d'une colonne brisée, de manière à ce que la boîte brune reçût toute la clarté. Aux noms religieux de Jésus-Christ et de Raphaël, il échappa au jeune homme un geste de curiosité, sans doute attendu par le marchand qui fit jouer un ressort. Soudain le panneau d'acajou glissa dans une rainure, tomba sans bruit et livra la toile à l'admiration de l'inconnu. À l'aspect de cette immortelle création, il oublia les fantaisies du magasin, les caprices de son sommeil, redevint homme, reconnut dans le vieillard une créature de chair, bien vivante, nullement fantasmagorique, et revécut dans le monde réel. La tendre sollicitude, la douce sérénité du divin visage influèrent aussitôt sur lui.

Quelque parfum épanché des cieux dissipa les tortures infernales qui lui brûlaient la moelle des os. La tête du Sauveur des hommes paraissait sortir des ténèbres figurées par un fond noir ; une auréole de rayons étincelait vivement autour de sa chevelure d'où cette lumière voulait sortir ; sous le front, sous les chairs, il y avait une éloquente conviction qui s'échappait de chaque trait par de pénétrantes effluves ; les lèvres vermeilles venaient de faire entendre la parole de vie, et le spectateur en cherchait le retentissement sacré dans les airs, il en demandait les ravissantes paraboles au silence, il l'écoutait dans l'avenir, la retrouvait dans les enseignements du passé. L'Évangile était traduit par la simplicité calme de ces adorables yeux où se réfugiaient les âmes troublées ; enfin sa religion se lisait tout entière en un suave et magnifique sourire qui semblait exprimer ce précepte où elle se résume : *Aimez-vous les uns les autres !*

———————

LES FEMMES SONT HABITUÉES, par je ne sais quelle pente de leur esprit, à ne voir dans un homme de talent que ses défauts, et dans un sot que ses qualités ; elles éprouvent de grandes sympathies pour les qualités du sot qui sont une flatterie perpétuelle de leurs propres défauts, tandis que l'homme supérieur ne leur offre pas assez de jouissances pour compenser ses imperfections. Le talent est une fièvre intermittente, nulle femme n'est jalouse d'en partager seulement les malaises ; toutes veulent trouver dans leurs amants des motifs de satisfaire leur vanité ; c'est elles encore qu'elles aiment en nous ! Un homme pauvre, fier, artiste, doué du pouvoir de créer, n'est-il pas armé d'un blessant égoïsme ? Il existe autour de lui je ne sais quel tourbillon de pensées dans lequel il enveloppe tout, même sa maîtresse, qui doit en suivre le mouvement. Une femme adulée peut-elle croire à l'amour d'un tel homme ? Ira-t-elle le chercher ? Cet amant n'a pas le loisir de s'abandonner autour d'un divan à ces petites singeries de sensibilité auxquelles les femmes tiennent tant et qui sont le triomphe des gens faux et insensibles. Le temps manque à ses travaux, comment en dépenserait-il à se rapetisser, à se chamarrer ? Prêt à donner ma vie d'un coup, je ne l'aurais pas avilie en détail. Enfin il existe, dans le manège d'un agent de change qui fait les commissions d'une femme pâle et minaudière, je ne sais quoi de mesquin dont l'artiste a horreur. L'amour abstrait ne suffit pas à un homme pauvre et grand, il en veut tous les dévouements. Les petites créatures qui passent leur vie à essayer des cachemires ou se font les portemanteaux de la mode, n'ont pas de dévouement, elles en exigent et voient dans l'amour le plaisir de commander, non celui d'obéir. La véritable épouse en cœur, en chair et en os, se laisse traîner là où va celui en qui réside sa vie, sa force, sa gloire, son bonheur. Aux hommes supérieurs, il faut des femmes orientales dont l'unique pensée soit l'étude de leurs besoins : pour eux, le malheur est dans le désaccord de leurs désirs et des moyens. Moi, qui me croyais homme de génie, j'aimais précisément ces petites maîtresses !

———————

JE VÉCUS DANS CE SÉPULCRE AÉRIEN pendant près de trois ans, travaillant nuit et jour sans relâche, avec tant de plaisir, que l'étude me semblait être le plus beau thème, la plus heureuse solution de la vie humaine. Le calme et le silence, nécessaires au savant, ont je ne sais quoi de doux, d'enivrant comme l'amour. L'exercice de la pensée, la recherche des idées, les contemplations tranquilles de la science nous prodiguent d'ineffables délices, indescriptibles comme tout ce qui participe de l'intelligence, dont les phénomènes sont invisibles à nos sens extérieurs. Aussi sommes-nous toujours forcés d'expliquer les mystères de l'esprit par des comparaisons matérielles. Le plaisir de nager dans un lac d'eau pure, au milieu des rochers, des bois et des fleurs, seul et caressé par une brise tiède, donnerait aux ignorants une bien faible image du bonheur que j'éprouvais quand mon âme était baignée dans les lueurs de je ne sais quelle lumière, quand j'écoutais les voix terribles et confuses de l'inspiration, quand d'une source inconnue les images ruisselaient dans mon cerveau palpitant. Voir une idée qui pointe dans le champ des abstractions humaines comme le lever du soleil au matin et s'élève comme lui, qui, mieux encore, grandit comme un enfant, arrive à la puberté, se fait lentement virile, est une joie supérieure aux autres joies terrestres, ou plutôt c'est un divin plaisir. L'étude prête une sorte de magie à tout ce qui nous environne. Le bureau chétif sur lequel j'écrivais, et la basane brune qui le couvrait, mon piano,

Un homme pauvre, fier, artiste, doué du pouvoir de créer, n'est-il pas armé d'un blessant égoïsme ?

mon lit, mon fauteuil, les bizarreries de mon papier de tenture, mes meubles, toutes ces choses s'animèrent, et devinrent pour moi d'humbles amis, les complices silencieux de mon avenir. Combien de fois ne leur ai-je pas communiqué mon âme, en les regardant ? Souvent, en laissant voyager mes yeux sur une moulure déjetée, je rencontrais des développements nouveaux, une preuve frappante de mon système ou des mots que je croyais heureux pour rendre des pensées presque intraduisibles. À force de contempler les objets qui m'entouraient, je trouvais à chacun sa physionomie, son caractère ; souvent ils me parlaient : si, par-dessus les toits, le soleil couchant jetait à travers mon étroite fenêtre quelque lueur furtive, ils se coloraient, pâlissaient, brillaient, s'attristaient ou s'égayaient, en me surprenant toujours par des effets nouveaux. Ces menus accidents de la vie solitaire, qui échappent aux préoccupations du monde, sont la consolation des prisonniers. N'étais-je pas captivé par une idée, emprisonné dans un système ; mais soutenu par la perspective d'une vie glorieuse !

ÉTUDES PHILOSOPHIQUES
Louis Lambert
1832

MAIS CETTE SUBLIME RÉSIGNATION par laquelle je pourrais émanciper ma pensée en la libérant de mon corps ne servirait à rien : il faut encore de l'argent pour se livrer à certaines expériences. Sans cela, j'eusse accepté l'indigence apparente d'un penseur qui possède la terre et le ciel. Pour être grand dans la misère, il suffit de ne jamais s'avilir. L'homme qui combat et souffre en marchant vers un noble but, présente certes un beau spectacle ; mais ici qui se sent la force de lutter ?

IL A RÉUSSI À SE DÉGAGER DE SON CORPS, et nous aperçoit sous une autre forme, je ne sais laquelle. Quand il parle, il exprime des choses merveilleuses. Seulement, assez souvent, il achève par la parole une idée commencée dans son esprit, ou commence une proposition qu'il achève mentalement. Aux autres hommes, il paraîtrait aliéné ; pour moi, qui vis dans sa pensée, toutes ses idées sont lucides. Je parcours le chemin fait par son esprit, et, quoique je n'en connaisse pas tous les détours, je sais me trouver néanmoins au but avec lui. À qui n'est-il pas, maintes fois, arrivé de penser à une chose futile et d'être entraîné vers une pensée grave par des idées ou par des souvenirs qui s'enroulent ? Souvent, après avoir parlé d'un objet frivole, innocent point de départ de quelque rapide méditation, un penseur oublie ou tait les liaisons abstraites qui l'ont conduit à sa conclusion, et reprend la parole en ne montrant que le dernier anneau de cette chaîne de réflexions. Les gens vulgaires à qui cette vélocité de vision mentale est inconnue, ignorant le travail intérieur de l'âme, se mettent à rire du rêveur, et le traitent de fou s'il est coutumier de ces sortes d'oublis. Louis est toujours ainsi : sans cesse il voltige à travers les espaces de la pensée, et s'y promène avec une vivacité d'hirondelle, je sais le suivre dans ses détours. Voilà l'histoire de sa folie. Peut-être un jour Louis reviendra-t-il à cette vie dans laquelle nous végétons ; mais s'il respire l'air des cieux avant le temps où il nous sera permis d'y exister, pourquoi souhaiterions-nous de le revoir parmi nous ?

CORRESPONDANCE GÉNÉRALE
Lettre à Zulma Carraud
20 FÉVRIER 1833

JE VOUS ASSURE QUE JE VIS DANS UNE ATMOSPHÈRE DE PENSÉES, d'idées, de plans, de travaux, de conceptions, qui se croisent, bouillent, pétillent dans ma tête à me rendre fou ! Néanmoins, rien ne me maigrit, et je suis le plus vrai « pourtraict de moine qui oncques ait été vu depuis l'extrême heure des couvents ». Quant à l'âme, je suis profondément triste. Mes travaux seuls me soutiennent dans la vie.

LETTRE PUBLIÉE
DANS LA *REVUE DE PARIS*
Lettre aux écrivains français
du XIXe siècle
2 NOVEMBRE 1834

AINSI, MESSIEURS, VOUS POÈTES, VOUS MUSICIENS, vous dramatistes, vous prosateurs, tout ce qui vit par la pensée, tout ce qui travaille pour la gloire du pays, tout ce qui doit pétrir le siècle ; et ceux qui s'élancent du sein de la misère pour aller respirer au soleil de la gloire, et ceux qui, timides en leur vol, doutent et meurent, pauvres enfants chargés d'illusions ! Et ceux qui, pleins de volonté, triomphent ; tous sont déclarés inhabiles à se succéder à eux-mêmes. La LOI, pleine de respect pour les ballots du marchand, pour les écus acquis par un travail en quelque sorte matériel, et souvent à force d'infamie, la LOI protège la terre, elle protège la maison du prolétaire qui a sué ; elle confisque l'ouvrage du poète qui a pensé. S'il est au monde une propriété sacrée, s'il est quelque chose qui puisse appartenir à l'homme, n'est-ce pas ce que l'homme crée entre le ciel et la terre, ce qui n'a de racine que dans l'intelligence, et qui fleurit dans tous les cœurs.

LE BANNERET À QUI SUFFISAIT JADIS DE PORTER LA COTTE DE MAILLE, le haubert, de bien manier la lance et de montrer son pennon, doit aujourd'hui faire preuve d'intelligence ; et là où il n'était besoin que d'un grand cœur, il faut, de nos jours, un large crâne. L'art, la science et l'argent forment le triangle social où s'inscrit l'écu du pouvoir, et d'où doit procéder la moderne aristocratie. Un beau théorème vaut un grand nom. Les Fugger modernes sont princes de fait. Un grand artiste est réellement un oligarque, il représente tout un siècle, et devient presque toujours une loi. Ainsi, le talent de la parole, les machines à haute pression de l'écrivain, le génie du poète, la constance du commerçant, la volonté de l'homme d'état qui concentre en lui mille qualités éblouissantes, le glaive du général, ces conquêtes personnelles faites par un seul sur toute la société pour lui imposer, la classe aristocratique doit s'efforcer d'en avoir aujourd'hui le monopole, comme jadis elle avait celui de la force matérielle. Pour rester à la tête d'un pays, ne faut-il pas être toujours digne de le conduire ; en être l'âme et l'esprit, pour en faire agir les mains ? Comment mener un peuple sans avoir les puissances qui font le commandement ? Que serait le bâton des maréchaux sans la force intrinsèque du capitaine qui le tient à la main ?

L'Art serait-il donc tenu d'être plus fort que ne l'est la Nature? Les événements de la vie humaine, soit publique, soit privée, sont si intimement liés à l'architecture, que la plupart des observateurs peuvent reconstruire les nations ou les individus dans toute la vérité de leurs habitudes, d'après les restes de leurs monuments publics ou par l'examen de leurs reliques domestiques. L'archéologie est à la nature sociale ce que l'anatomie comparée est à la nature organisée. Une mosaïque révèle toute une société, comme un squelette d'ichtyosaure sous-entend toute une création. De part et d'autre, tout se déduit, tout s'enchaîne. La cause fait deviner un effet, comme chaque effet permet de remonter à une cause. Le savant ressuscite ainsi jusqu'aux verrues des vieux âges. De là vient sans doute le prodigieux intérêt qu'inspire une description architecturale quand la fantaisie de l'écrivain n'en dénature point les éléments; chacun ne peut-il pas la rattacher au passé par de sévères déductions; et, pour l'homme, le passé ressemble singulièrement à l'avenir: lui raconter ce qui fut, n'est-ce pas presque toujours lui dire ce qui sera? Enfin, il est rare que la peinture des lieux où la vie s'écoule ne rappelle à chacun ou ses vœux

> *Les hommes paraissent avoir plus de respect pour les vices que pour le génie, car ils refusent de lui faire crédit.*

trahis ou ses espérances en fleur. La comparaison entre un présent qui trompe les vouloirs secrets et l'avenir qui peut les réaliser, est une source inépuisable de mélancolie ou de satisfactions douces. Aussi, est-il presque impossible de ne pas être pris d'une espèce d'attendrissement à la peinture de la vie flamande, quand les accessoires en sont bien rendus. Pourquoi? Peut-être est-ce, parmi les différentes existences, celle qui finit le mieux les incertitudes de l'homme.

La foule préfère généralement la force anormale qui déborde à la force égale qui persiste. La foule n'a ni le temps ni la patience de constater l'immense pouvoir caché sous une apparence uniforme. Aussi, pour frapper cette foule emportée par le courant de la vie, la passion, de même que le grand artiste, n'a-t-elle d'autre ressource que d'aller au-delà du but, comme ont fait Michel-Ange, Bianca Capello, mademoiselle de La Vallière, Beethoven et Paganini. Les grands calculateurs seuls pensent qu'il ne faut jamais dépasser le but, et n'ont de respect que pour la virtualité empreinte dans un parfait accomplissement qui met en toute œuvre ce calme profond dont le charme saisit les hommes supérieurs.

De toute sa maison, le maître seul pouvait se donner l'étrange licence d'être si malpropre. Son pantalon de drap noir plein de taches, son gilet déboutonné, sa cravate mise de travers, et son habit verdâtre toujours décousu complétaient un fantasque ensemble de petites et de grandes choses qui, chez tout autre, eût décelé la misère qu'engendrent les vices ; mais qui, chez Balthazar Claës, était le négligé du génie. Trop souvent le vice et le génie produisent des effets semblables, auxquels se trompe le vulgaire. Le génie n'est-il pas un constant excès qui dévore le temps, l'argent, le corps, et qui mène à l'hôpital plus rapidement encore que les passions mauvaises ? Les hommes paraissent même avoir plus de respect pour les vices que pour le génie, car ils refusent de lui faire crédit. Il semble que les bénéfices des travaux secrets du savant soient tellement éloignés que l'État social craigne de compter avec lui de son vivant, il préfère s'acquitter en ne lui pardonnant pas sa misère ou ses malheurs.

sur le marbre, il le façonne, il y met un monde de pensées. Il existe des marbres que la main de l'homme a doués de la faculté de représenter tout un côté sublime ou tout un côté mauvais de l'humanité, la plupart des hommes y voient une figure humaine et rien de plus, quelques autres un peu plus hauts placés sur l'échelle des êtres y aperçoivent une partie des pensées traduites par le sculpteur, ils y admirent la forme ; mais les initiés aux secrets de l'art sont tous d'intelligence avec le statuaire : en voyant son marbre, ils y reconnaissent le monde entier de ses pensées. Ceux-là sont les princes de l'art, ils portent en eux-mêmes un miroir où vient se réfléchir la nature avec ses plus légers accidents.

**SCÈNES
DE LA VIE PARISIENNE**
La Fille aux yeux d'or
1835

**ÉTUDES
PHILOSOPHIQUES**
Séraphîta
1834

– J'AI LE DON DE SPÉCIALITÉ, lui répondit-il. La Spécialité constitue une espèce de vue intérieure qui pénètre tout, et tu n'en comprendras la portée que par une comparaison. Dans les grandes villes de l'Europe d'où sortent des œuvres, où la main humaine cherche à représenter les effets de la nature morale aussi bien que ceux de la nature physique, il est des hommes sublimes qui expriment des idées avec du marbre. Le statuaire agit

AU-DESSUS DE CETTE SPHÈRE, VIT LE MONDE ARTISTE. Mais là encore les visages marqués du sceau de l'originalité, sont noblement brisés, mais brisés, fatigués, sinueux. Excédés par un besoin de produire, dépassés par leurs coûteuses fantaisies, lassés par un génie dévoreur, affamés de plaisir, les artistes de Paris veulent tous regagner par d'excessifs travaux les lacunes laissées par la paresse, et cherchent vainement à concilier le monde et la gloire, l'argent et l'art. En commençant, l'artiste est sans cesse haletant sous le créancier, ses besoins enfantent les dettes, et ses dettes lui demandent ses nuits. Après le travail, le plaisir. Le comédien joue jusqu'à minuit, étudie le matin répète à midi ; le sculpteur plie sous sa statue ; le journaliste est une pensée en marche comme le soldat en guerre ; le peintre en vogue est accablé d'ouvrage, le peintre sans occupation se ronge les entrailles s'il se sent homme de génie. La concurrence, les rivalités, les calomnies assassinent ces talents. Les uns, désespérés, roulent dans les abîmes du vice, les autres meurent jeunes et ignorés pour s'être escompté trop tôt leur avenir. Peu de ces figures, primitivement sublimes, restent belles. D'ailleurs la beauté flamboyante de leurs têtes demeure incomprise. Un visage d'artiste est toujours exorbitant, il se trouve toujours en dessus ou en dessous des lignes convenues pour ce que les imbéciles nomment le beau idéal. Quelle puissance les détruit ? La passion.

CORRESPONDANCE GÉNÉRALE
Lettre à Louise
8 MARS [?] 1836

VOICI LE JOUR QUI SE LÈVE, et j'ai là de l'ouvrage en souffrance, n'est-ce pas être purement ouvrier ? Il est des nécessités si grandes dans la vie des artistes, qu'il faut vivre près d'eux pour les comprendre, et, quoi que vous en disiez, le monde est un obstacle à cette fraternité d'âme. Que vous êtes bien heureuse de pouvoir faire de l'art pour l'art !

ÉTUDES PHILOSOPHIQUES
Gambara
1837

IL N'Y AVAIT PAS L'APPARENCE D'UNE IDÉE POÉTIQUE OU MUSICALE dans l'étourdissante cacophonie qui frappait les oreilles : les principes de l'harmonie, les premières règles de la composition étaient totalement étrangères à cette informe création. Au lieu de la musique savamment enchaînée que désignait Gambara, ses doigts produisaient une succession de quintes, de septièmes et d'octaves, de tierces majeures, et des marches de quarte sans sixte à la basse, réunion de sons discordants jetés au hasard qui semblait combinée pour déchirer les oreilles les moins délicates. Il est difficile d'exprimer cette bizarre exécution, car il faudrait des mots nouveaux pour cette musique impossible. Péniblement affecté de la folie de ce brave homme, Andrea rougissait et regardait à la dérobée Marianna qui, pâle et les yeux baissés, ne pouvait retenir ses larmes. Au milieu de son brouhaha de notes, Gambara avait lancé de temps en temps des exclamations qui décelaient le ravissement de son âme : il s'était pâmé d'aise, il avait souri à son piano, l'avait regardé avec colère, lui avait tiré la langue, expression à l'usage des inspirés ; enfin il paraissait enivré de la poésie qui lui remplissait la tête et qu'il s'était vainement efforcé de traduire. Les étranges discordances qui hurlaient sous ses doigts avaient évidemment résonné dans son oreille comme de célestes harmonies. Certes, au regard inspiré de ses yeux bleus ouverts sur un autre monde, à la rose lueur qui colorait ses joues, et surtout à cette sérénité divine que l'extase répandait sur ses traits si nobles et si fiers, un sourd aurait cru assister à une improvisation due à quelque grand artiste. Cette illusion eût été d'autant plus naturelle que l'exécution de cette musique insensée exigeait une habileté merveilleuse pour se rompre à un pareil doigté. Gambara avait dû travailler pendant plusieurs années. Ses mains n'étaient pas d'ailleurs seules occupées, la complication des pédales imposait à tout son corps une perpétuelle agitation ; aussi la sueur ruisselait-elle sur son visage pendant qu'il travaillait à enfler un crescendo de tous les faibles moyens que l'ingrat instrument mettait à son service : il avait trépigné, soufflé, hurlé ; ses doigts avaient égalé en prestesse la double langue d'un serpent ; enfin, au dernier hurlement du piano, il s'était jeté en arrière et avait laissé tomber sa tête sur le dos de son fauteuil.

AUSSITÔT GAMBARA TOMBA DANS UNE EXTASE MUSICALE, et improvisa la plus mélodieuse et la plus harmonieuse cavatine que jamais Andrea devait entendre, un chant divin divinement chanté dont le thème avait une grâce comparable à celle de l'*O filii et filiae,* mais plein d'agréments que le génie musical le plus élevé pouvait seul trouver. Le comte resta plongé dans l'admiration la plus vive : les nuages se dissipaient, le bleu du ciel s'entrouvrait, des figures d'anges apparaissaient et levaient les voiles qui cachent le sanctuaire, la lumière du ciel tombait à torrents. Bientôt le silence régna. Le comte, étonné de ne plus rien entendre, contempla Gambara qui, les yeux fixes

et dans l'attitude des tériakis, balbutiait le mot Dieu ! Le comte attendit que le compositeur descendît des pays enchantés où il était monté sur les ailes diaprées de l'inspiration, et résolut de l'éclairer avec la lumière qu'il en rapporterait.

— Hé ! bien, lui dit-il en lui offrant un autre verre plein et trinquant avec lui, vous voyez que cet Allemand a fait selon vous un sublime opéra sans s'occuper de théorie, tandis que les musiciens qui écrivent des grammaires peuvent comme les critiques littéraires être de détestables compositeurs.

— Vous n'aimez donc pas ma musique !

— Je ne dis pas cela, mais si au lieu de viser à exprimer des idées, et si au lieu de pousser à l'extrême le principe musical, ce qui vous fait dépasser le but, vous vouliez simplement réveiller en nous des sensations, vous seriez mieux compris, si toutefois vous ne vous êtes pas trompé sur votre vocation. Vous êtes un grand poète.

— Quoi ! dit Gambara, vingt-cinq ans d'études seraient inutiles ! Il me faudrait étudier la langue imparfaite des hommes, quand je tiens la clef du verbe céleste ! Ah ! si vous aviez raison, je mourrais...

ÉTUDES
PHILOSOPHIQUES
Massimilla Doni
1837

SELON LUI, L'HOMME A DES TOUCHES INTÉRIEURES que les sons affectent, et qui correspondent à nos centres nerveux d'où s'élancent nos sensations et nos idées ! Capraja, qui voit dans les arts la collection des moyens par lesquels l'homme peut mettre en lui-même la nature extérieure d'accord avec une merveilleuse nature, qu'il nomme la vie intérieure, a partagé les idées de ce facteur d'instruments qui fait en ce moment un opéra. Imagine une création sublime où les merveilles de la création visible sont reproduites avec un grandiose, une légèreté, une rapidité, une étendue incommensurables, où les sensations sont infinies, et où peuvent pénétrer certaines organisations privilégiées qui possèdent une divine puissance, tu auras alors une idée des jouissances extatiques dont parlaient Cataneo et Capraja, poètes pour eux seuls. Mais aussi, dès que, dans les choses de la nature morale, un homme vient à dépasser la sphère où s'enfantent les œuvres plastiques par les procédés de l'imitation, pour entrer dans le royaume tout spirituel des abstractions où tout se contemple dans son principe et s'aperçoit dans l'omnipotence des résultats, cet homme n'est-il plus compris par les intelligences ordinaires. — Tu viens d'expliquer mon amour pour la Massimilla, dit Emilio.

— Devinez-vous le sens d'un pareil phénomène ? demanda le médecin à Capraja en désirant faire causer l'homme que la duchesse lui avait signalé comme un profond penseur.
— Lequel ?... dit Capraja.
— Genovese, excellent quand la Tinti n'est pas là, devient auprès d'elle un âne qui brait, dit le Français.
— Il obéit à une loi secrète dont la démonstration mathématique sera peut-être donnée par un de vos chimistes, et que le siècle suivant trouvera dans une formule pleine d'X, d'A et de B entremêlés de petites

fantaisies algébriques, de barres, de signes et de lignes qui me donnent la colique, en ce que les plus belles inventions de la mathématique n'ajoutent pas grand-chose à la somme de nos jouissances. Quand un artiste a le malheur d'être plein de la passion qu'il veut exprimer, il ne saurait la peindre, car il est la chose même au lieu d'en être l'image. L'art procède du cerveau et non du cœur. Quand votre sujet vous domine, vous en êtes l'esclave et non le maître. Vous êtes comme un roi assiégé par son peuple. Sentir trop vivement au moment où il s'agit d'exécuter, c'est l'insurrection des sens contre la faculté !

Scènes
DE LA VIE DE PROVINCE
Illusions perdues
1837

Ainsi, pour ce profond penseur, le problème fut double : il fallait inventer, et inventer promptement ; il fallait enfin adapter les profits de la découverte aux besoins de son ménage et de son commerce. Or, quelle épithète donner à la cervelle capable de secouer les cruelles préoccupations que causent et une indigence à cacher, et le spectacle d'une famille sans pain, et les exigences journalières d'une profession aussi méticuleuse que celle de l'imprimeur, tout en parcourant les domaines de l'inconnu, avec l'ardeur et les enivrements du savant à la poursuite d'un secret qui de jour en jour échappe aux plus subtiles recherches ? Hélas ! comme on va le voir, les inventeurs ont bien encore d'autres maux à supporter, sans compter l'ingratitude des masses à qui les oisifs et les incapables disent d'un homme de génie : — Il était né pour devenir inventeur, il ne pouvait pas faire autre chose. Il ne faut pas plus lui savoir gré de sa découverte, qu'on ne sait gré à un homme d'être né prince ! il exerce des facultés naturelles ! et il a d'ailleurs trouvé sa récompense dans le travail même.

EN PROIE À DES HÉSITATIONS ALTERNA-TIVEMENT honorables et dépravantes, il s'assit et se mit à examiner l'état dans lequel ses amis lui rendaient son œuvre. Quel étonnement fut le sien ! De chapitre en chapitre, la plume habile et dévouée de ces grands hommes encore inconnus avait changé ses pauvretés en richesses. Un dialogue plein, serré, concis, nerveux remplaçait ses conversations qu'il comprit alors n'être que des bavardages en les comparant à des discours où respirait l'esprit du temps. Ses portraits, un peu mous de dessin, avaient été vigoureusement accusés et colorés ; tous se rattachaient aux phénomènes curieux de la vie humaine par des observations physio-logiques dues sans doute à Bianchon, exprimées avec finesse, et qui les faisaient vivre. Ses descriptions verbeuses étaient devenues substantielles et vives. Il avait donné une enfant mal faite et mal vêtue, et il retrouvait une délicieuse fille en robe blanche, à ceinture, à écharpe roses, une création ravissante. La nuit le surprit, les yeux en pleurs, atterré de cette grandeur, sentant le prix d'une pareille leçon, admirant ces corrections qui lui en apprenaient plus sur la littérature et sur l'art que ses quatre années de travaux, de lectures, de comparaisons et d'études.

Le redressement d'un carton mal conçu, un trait magistral sur le vif en disent toujours plus que les théories et les observations. — Quels amis ! quels cœurs ! suis-je heureux ! s'écria-t-il en serrant le manuscrit.

**SCÈNES
DE LA VIE PARISIENNE**
*Splendeurs et misères
des courtisanes*
1838-1847

— SI C'EST MOI QUI VAIS À L'INSTRUCTION LE PREMIER, nous sommes sauvés ; mais si c'est le petit, tout est perdu, se dit-il en attendant. Ce moment était si cruel que cet homme si fort eut le visage couvert d'une sueur blanche. Ainsi, cet homme prodigieux devinait vrai dans sa sphère de crime, comme Molière dans la sphère de la poésie dramatique, comme Cuvier avec les créations disparues. Le génie en toute chose est une intuition. Au-dessous de ce phénomène, le reste des œuvres remarquables se doit au talent. En ceci consiste la différence qui sépare les gens du premier des gens du second ordre. Le crime a ses hommes de génie. Jacques Collin, aux abois, se rencontrait avec madame Camusot l'ambitieuse et avec madame de Sérizy dont l'amour s'était réveillé sous le coup de la terrible catastrophe où s'abîmait Lucien. Tel était le suprême effort de l'intelligence humaine contre l'armure d'acier de la Justice. En entendant crier la lourde ferraille des serrures et des verrous de sa porte, Jacques Collin reprit son masque de mourant.

SCÈNES
DE LA VIE PARISIENNE
*Les Secrets de la princesse
de Cadignan*
1839

SEMBLABLE À TOUS LES HOMMES PLUS JEUNES que leur âge ne le comporte, d'Arthez était en proie à ces émouvantes irrésolutions causées par la puissance des désirs et par la terreur de déplaire, situation à laquelle une jeune femme ne comprend rien quand elle la partage, mais que la princesse avait trop souvent fait naître pour ne pas en savourer les plaisirs. Aussi Diane jouissait-elle de ces délicieux enfantillages avec d'autant plus de charme qu'elle savait bien comment les faire cesser. Elle ressemblait à un grand artiste se complaisant dans les lignes indécises d'une ébauche, sûr d'achever dans une heure d'inspiration le chef-d'œuvre encore flottant dans les limbes de l'enfantement. Combien de fois, en voyant d'Arthez prêt à s'avancer, ne se plut-elle pas à l'arrêter par un air imposant? Elle refoulait les secrets orages de ce jeune cœur, elle les soulevait, les apaisait par un regard, en tendant sa main à baiser, ou par des mots insignifiants dits d'une voix émue et attendrie. Ce manège, froidement convenu mais divinement joué, gravait son image toujours plus avant dans l'âme de ce spirituel écrivain, qu'elle se plaisait à rendre enfant, confiant, simple et presque niais auprès d'elle; mais elle avait aussi des retours sur elle-même, et il lui était alors impossible de ne pas admirer tant de grandeur mêlée à tant d'innocence. Ce jeu de grande coquette l'attachait elle-même insensiblement à son esclave. Enfin, elle s'impatienta contre cet Épictète amoureux, et, quand elle crut l'avoir disposé à la plus entière crédulité, elle se mit en devoir de lui appliquer sur les yeux le bandeau le plus épais.

CORRESPONDANCE
GÉNÉRALE
Lettre à Antoine Étex
FIN NOVEMBRE 1842

PLUS QUE PERSONNE, j'aime la statuaire, car je comprends le monde d'idées qui s'enfouit dans les travaux cachés qu'elle exige.

SCÈNES DE LA VIE PRIVÉE
Modeste Mignon
1844

NI LORD BYRON, NI GOETHE, NI WALTER SCOTT, NI CUVIER, ni l'inventeur ne s'appartiennent, ils sont les esclaves de leur idée; et cette puissance mystérieuse est plus jalouse qu'une femme, elle les absorbe, elle les fait vivre et les tue à son profit. Les développements visibles de cette existence cachée ressemblent en résultat à l'égoïsme; mais comment oser dire que l'homme qui s'est vendu au plaisir, à l'instruction ou à la grandeur de son époque est égoïste? Une mère est-elle atteinte de personnalité quand elle immole tout à son enfant?... eh! bien, les détracteurs du génie ne voient pas sa féconde maternité! Voilà tout. La vie du poète est un si continuel sacrifice qu'il lui faut une organisation gigantesque pour pouvoir se livrer aux plaisirs d'une vie ordinaire ; aussi, dans quels malheurs ne tombe-t-il pas, quand, à l'exemple de Molière il veut vivre de la vie des sentiments, tout en les exprimant dans leurs plus poignantes crises ; car, pour moi, superposé à sa vie privée, le comique de Molière est horrible. Pour moi la générosité du génie est quasi divine, et je vous ai placé dans cette noble famille de prétendus égoïstes. Ah ! si j'avais trouvé la sécheresse, le calcul, l'ambition, là où j'admire toutes mes fleurs d'âme les plus aimées, vous ne savez pas de quelle longue douleur j'eusse été atteinte !

——————————

LES LOUANGES DON-NÉES À DESPLEIN par Modeste incommodaient le poète. La vanité procède comme la femme. Toutes deux elles croient perdre quelque chose à l'éloge et à l'amour accordés à autrui. Voltaire était jaloux de l'esprit d'un roué que Paris admira deux jours, de même qu'une duchesse s'offense d'un regard jeté sur sa femme de chambre. L'avarice de ces deux sentiments est telle qu'ils se trouvent volés de la part faite à un pauvre. — Croyez-vous, monsieur, demanda Modeste en souriant, qu'on doive juger le génie avec la mesure ordinaire ? — Il faudrait peut-être avant tout, répondit Canalis, définir l'homme de génie, et l'une de ses conditions est l'invention : invention d'une forme, d'un système ou d'une force. Ainsi Napoléon fut inventeur,

La vie du poète est un si continuel sacrifice qu'il lui faut une organisation gigantesque pour pouvoir se livrer aux plaisirs d'une vie ordinaire.

à part ses autres conditions de génie. Il a inventé sa méthode de faire la guerre. Walter Scott est un inventeur, Linné est un inventeur, Geoffroy Saint-Hilaire et Cuvier sont des inventeurs. De tels hommes sont hommes de génie au premier chef. Ils renouvellent, augmentent ou modifient la science ou l'art. Mais Desplein est un homme dont l'immense talent consiste à bien appliquer des lois déjà trouvées, à observer, par un don naturel, les désinences de chaque tempérament et l'heure marquée par la nature pour faire une opération. Il n'a pas fondé, comme Hippocrate, la science elle-même. Il n'a pas trouvé de système comme Galien, Broussais ou Rasori. C'est un génie exécutant comme Moschelès sur le piano, Paganini sur le violon, comme Farinelli sur son larynx ! Gens qui développent d'immenses facultés, mais qui ne créent pas de musique. Entre Beethoven et la Catalani, vous me permettrez de décerner à l'un l'immortelle couronne du génie et du martyre, et à l'autre beaucoup de pièces de cent sous ; avec l'une nous sommes quittes, tandis que le monde reste toujours le débiteur de l'autre ! Nous nous endettons chaque jour avec Molière, et nous avons trop payé Baron.

——————————

Scènes de la vie parisienne
La Cousine Bette
1846

Penser, rêver, concevoir de belles œuvres, est une occupation délicieuse. C'est fumer des cigares enchantés, c'est mener la vie de la courtisane occupée à sa fantaisie. L'œuvre apparaît alors dans la grâce de l'enfance, dans la joie folle de la génération, avec les couleurs embaumées de la fleur et les sucs rapides du fruit dégusté par avance. Telle est la *conception* et ses plaisirs. Celui qui peut dessiner son plan par la parole, passe déjà pour un homme extraordinaire. Cette faculté, tous les artistes et les écrivains la possèdent. Mais produire! mais accoucher! mais élever laborieusement l'enfant, le coucher gorgé de lait tous les soirs, l'embrasser tous les matins avec le cœur inépuisé de la mère, le lécher sale, le vêtir cent fois des plus belles jaquettes qu'il déchire incessamment; mais ne pas se rebuter des convulsions de cette folle vie et en faire le chef-d'œuvre animé qui parle à tous les regards en sculpture, à toutes les intelligences en littérature, à tous les souvenirs en peinture, à tous les cœurs en musique, c'est l'exécution et ses travaux. La main doit s'avancer à tout moment, prête à tout moment à obéir à la tête. Or, la tête n'a pas plus les dispositions créatrices à commandement, que l'amour n'est continu.

Cette habitude de la création, cet amour infatigable de la maternité qui fait la mère (ce chef-d'œuvre naturel si bien compris de Raphaël!), enfin, cette maternité cérébrale si difficile à conquérir, se perd avec une facilité prodigieuse. L'inspiration, c'est l'occasion du génie. Elle court non pas sur un rasoir, elle est dans les airs et s'envole avec la défiance des corbeaux, elle n'a pas d'écharpe par où le poète la puisse prendre, sa chevelure est une flamme, elle se sauve comme ces beaux flamants blancs et roses, le désespoir des chasseurs. Aussi le travail est-il une lutte lassante que redoutent et que chérissent les belles et puissantes organisations qui souvent s'y brisent. Un grand poète de ce temps-ci disait en parlant de ce labeur effrayant: – Je m'y mets avec désespoir et je le quitte avec chagrin. Que les ignorants le sachent! Si l'artiste ne se précipite pas dans son œuvre, comme Curtius dans le gouffre, comme le soldat dans la redoute, sans réfléchir; et si, dans ce cratère, il ne travaille pas comme le mineur enfoui sous un éboulement; s'il contemple enfin les difficultés au lieu de les vaincre une à une, à l'exemple de ces amoureux des féeries, qui, pour obtenir leurs princesses, combattaient des enchantements renaissants, l'œuvre reste inachevée, elle périt au fond de l'atelier, où la production devient impossible, et l'artiste assiste au suicide de son talent. Rossini, ce génie frère de Raphaël, en offre un exemple frappant, dans sa jeunesse indigente superposée à son âge mûr opulent. Telle est la raison de la récompense pareille, du pareil triomphe, du même laurier accordé aux grands poètes et aux grands généraux.

La sculpture est comme l'art dramatique, à la fois le plus difficile et le plus facile de tous les arts. Copiez un modèle, et l'œuvre est accomplie; mais y imprimer une âme, faire un type en représentant un homme ou une femme, c'est le péché de Prométhée. On compte ce succès dans les annales de la sculpture, comme on compte les poètes dans l'humanité. Michel-Ange, Michel Colombe, Jean Goujon, Phidias, Praxitèle, Polyclète, Puget, Canova, Albert Durer sont les frères de Milton, de Virgile, de Dante, de Shakespeare, du Tasse, d'Homère et de Molière. Cette œuvre est si grandiose, qu'une statue suffit à l'immortalité d'un homme, comme celles de Figaro, de Lovelace, de Manon Lescaut suffirent à immortaliser Beaumarchais, Richardson et l'abbé Prévost. Les gens superficiels (les artistes en comptent beaucoup trop dans leur sein) ont dit que la sculpture existait par le nu seulement, qu'elle était morte avec la Grèce et que le vêtement moderne la rendait impossible. D'abord, les anciens ont fait de sublimes statues entièrement voilées, comme la Polymnie, la Julie, etc., et nous n'avons pas trouvé la dixième partie de leurs œuvres. Puis, que les vrais amants de l'art aillent voir à Florence le *Penseur* de Michel-Ange, et dans la cathédrale de Mayence la *Vierge* d'Albert Durer, qui a fait, en ébène, une femme vivante sous ses triples robes, et la chevelure la plus ondoyante, la plus maniable que jamais femme de chambre ait peignée ; que les ignorants y courent, et tous reconnaîtront que le génie peut imprégner l'habit, l'armure, la robe, d'une

Le travail constant est la loi de l'art comme celle de la vie ; car l'art, c'est la création idéalisée.

pensée et y mettre un corps, tout aussi bien que l'homme imprime son caractère et les habitudes de sa vie à son enveloppe. La sculpture est la réalisation continuelle du fait qui s'est appelé pour la seule et unique fois dans la peinture : Raphaël ! La solution de ce terrible problème ne se trouve que dans un travail constant, soutenu, car les difficultés matérielles doivent être tellement vaincues, la main doit être si châtiée, si prête et obéissante, que le sculpteur puisse lutter âme à âme avec cette insaisissable nature morale qu'il faut transfigurer en la matérialisant. Si Paganini, qui faisait raconter son âme par les cordes de son violon, avait passé trois jours sans étudier, il aurait perdu, selon son expression, le registre de son instrument ; il désignait ainsi le mariage existant entre le bois, l'archet, les cordes et lui ; cet accord dissous, il serait devenu soudain un violoniste ordinaire. Le travail constant est la loi de l'art comme celle de la vie ; car l'art, c'est la création idéalisée. Aussi les grands artistes, les poètes complets n'attendent-ils ni les commandes, ni les chalands, ils enfantent aujourd'hui, demain, toujours. Il en résulte cette habitude du labeur, cette perpétuelle connaissance des difficultés qui les maintient en concubinage avec la muse, avec ses forces créatrices. Canova vivait dans son atelier, comme Voltaire a vécu dans son cabinet. Homère et Phidias ont dû vivre ainsi. ◆

ANNEXES

Biographies des artistes cités

ALBANI, Francesco dit L'Albane

L'Albane (1578-1660) est un peintre bolonais connu pour ses tableaux allégoriques ou mythologiques, peuplés de *putti* ou de nymphes et qui lui ont valu le surnom de « peintre des Grâces ». Parti travailler à Rome aux côtés de Guido Reni et du Dominiquin, il sera nourri du style des Carrache.

p. 82, 83 [*La Sainte Famille*], 144, 145 [*Tête de la Vierge*].

ALLEGRI, Antonio dit Le Corrège

Le Corrège (1489-1534) est le meilleur représentant de la Renaissance à Parme. Son talent enveloppe de sensualité les corps nus, magnifie les clairs-obscurs de ses tableaux religieux tout en partageant la délicatesse des portraits de Raphaël.

p. 57 [*Portrait de jeune homme (autoportrait ?)*], 84, 168, 172, 173 [*Vénus et l'Amour découverts par un satyre, dit autrefois Jupiter et Antiope*], 205 [*La Nativité, dit aussi La Nuit*], 186, 204, 212, 213 [*L'Adoration de l'Enfant Jésus*], 214.

ALLORI, Agnolo di Cosimo dit Bronzino

Élève du Pontormo, Bronzino (1503-1572) est un artiste florentin rattaché à la cour des Médicis. Il a peint de nombreux portraits avec les couleurs acides du maniérisme, en restituant avec subtilité et raffinement le luxe des tissus.

p. 152, 153, 160, 164, 170 [*Portrait d'homme tenant une statuette*].

ALLORI, Alessandro

Élève du Bronzino, Alessandro Allori (1535-1607) campe dans des paysages rêvés ses personnages mythologiques dont le traitement des corps fait référence à Michel-Ange.

p. 153 [*Portrait de Bianca Capello*].

ALLORI, Cristofano

Cristofano Allori (1577-1621) est l'héritier artistique d'une tradition initiée par Bronzino. Il se distingue du maître et de son père Alessandro en adoucissant sa palette et en introduisant un plus grand réalisme.

p. 160, 161 [*Judith et Holopherne*].

ARNOUX [d'], Charles Albert dit Bertall

Bertall (1820-1882) est un dessinateur, caricaturiste et photographe qui croque avec acidité les mœurs de la société du Second Empire.

p. 12, 237 [*Honoré de Balzac*].

ASTRUC, Zacharie

Partisan du renouveau en peinture qu'il défend comme critique, et proche de Manet, Zacharie Astruc (1835-1907) est également un artiste peintre et sculpteur qui expose à la première exposition des impressionnistes en 1874. On retrouve le masque de Balzac dans sa sculpture *Le Marchand de masques* placée dans le jardin du Luxembourg, auprès de ceux de neuf autres personnalités dont Léon Gambetta, Eugène Delacroix, Camille Corot, Gabriel Fauré...

p. 248 [*Honoré de Balzac*].

BAJ, Enrico

Artiste avant-gardiste cofondateur du Mouvement nucléaire en 1951 et du Mouvement international pour un Bauhaus imaginiste (1953-1954), Enrico Baj (1924-2003) aime à poser un regard ironique et absurde sur la société bourgeoise conventionnelle. Il était également proche des milieux littéraires et membre du Collège de Pataphysique.

p. 254 [*Ubuzac*].

BELLINI, Giovanni

Giovanni Bellini (1425/1433-1516) est le meilleur représentant de la peinture vénitienne vers 1500. Il est le contemporain d'Andrea Mantegna, qui exerce à la cour des Gonzague à Mantoue et qui épousera sa sœur. Grand coloriste, il peindra de nombreux tableaux religieux dans les églises vénitiennes et ses Vierges majestueuses rayonnent d'une beauté idéale.

pp. 82, 85 [*Le Christ bénissant*], 114, 115 [*Triptyque des Frari, La Vierge et l'Enfant Jésus*], 138, 139 [*Retable de San Giobbe : La Vierge et l'Enfant entre des saints et anges*].

BIARD, François Auguste

Originaire de Lyon, François Auguste Biard (1798-1882) s'inspire de ses nombreux voyages (Italie, Grèce, Levant, Spitzberg, Laponie, Brésil) pour ses peintures qu'il expose aux Salons et qui lui ont valu de nombreuses médailles, dont la croix d'honneur en 1838.

p. 19 [*Quatre heures au Salon. Fermeture du Salon annuel de peinture dans la Grande Galerie du Louvre*].

BISSON, Louis-Auguste

Photographe français, Louis-Auguste Bisson (1814-1876) est un des pionniers de la photographie. Avec son frère Auguste-Rosalie, il est contemporain de Félix Nadar, Édouard Baldus ou Gustave Le Gray.

p. 9 [*Honoré de Balzac*], 231.

BOULANGER, Louis

Louis Boulanger (1806-1867) est un peintre français, formé à l'École des beaux-arts de Paris dans l'atelier de Guillaume Guillon-Lethière. Il est médaillé au Salon de 1827 pour son *Supplice de Mazeppa* (musée des Beaux-Arts de Rouen), la même année où s'opposent *La Mort de Sardanapale* d'Eugène Delacroix – critiquée et rejetée – et *L'Apothéose d'Homère* par Ingres.

p. 12, 20, 21, 50, 202, 206, 232, 238, 241, [*Portrait d'Honoré de Balzac*].

CARJAT, Étienne

Étienne Carjat (1828-1906) est journaliste, caricaturiste et photographe français (son plus célèbre cliché est celui d'Arthur Rimbaud).

p. 238 [*Honoré de Balzac en robe de chambre*].

CHAMPAIGNE [de], Philippe

Peintre d'origine brabançonne, Philippe de Champaigne (1602-1674) devient premier peintre de la reine Marie de Médicis après avoir travaillé au palais du Luxembourg, puis est reçu en 1648 comme membre fondateur de l'Académie de peinture et de sculpture. Il est influencé par Rubens au début de sa carrière, mais sa peinture devient plus austère à partir de 1848 lorsqu'il se rapproche des milieux jansénistes.

p. 127 [*La Madeleine pénitente*].

CHAPU, Henri

La sculpture d'Henri Chapu (1833-1891) est très inspirée de l'art antique, qu'il a pu approfondir lors de son séjour en Italie après avoir remporté le Prix de Rome en 1855.

Sculpteur officiel de la IIIe République, il est élu en 1880 membre de l'Académie des beaux-arts.

p. 232, 244, 246
[*Esquisse pour le monument de Balzac*].

CHARDIN, Jean-Baptiste Siméon

Peintre du XVIIIe siècle français (1699-1779), Chardin est particulièrement apprécié pour ses scènes de genre, ses natures mortes et ses pastels.

p. 176, 177 [*Portrait de Françoise-Marguerite Pouget, madame Chardin*].

CHEVALIER, Sulpice-Guillaume dit Gavarni

Sulpice-Guillaume Chevalier, dit Gavarni (1804-1866), est un illustrateur et dessinateur critique de la société parisienne sous Louis-Philippe et le Second Empire. Il publie ses dessins dans des journaux tels que *La Mode* et *Le Charivari*, parfois aux côtés de Daumier.

p. 12, 21, 218, 219 [*Pierrot*], 230, 240 [*Balzac en robe de moine*].

COGNIET, Léon

Contemporain de Delacroix et de Géricault, Léon Cogniet (1794-1880) se distingue par ses peintures d'histoire et ses portraits, mais consacrera la moitié de sa carrière à l'enseignement à l'École des beaux-arts de Paris.

p. 19, 202, 203 [*Tintoret peignant sa fille morte*].

DAFFINGER, Moritz Michael

Moritz Michael Daffinger (1790-1849) est un peintre miniaturiste viennois.

p. 206, 207 [*Portrait de madame Hanska*].

DANTAN, Jean-Pierre dit Dantan le Jeune

Dantan (1800-1869) s'est illustré dans la caricature sculptée de ses contemporains.

p. 231, 239 [*Honoré de Balzac*].

DAVID, Jacques Louis

Jacques Louis David (1748-1825) est le représentant le plus connu de la peinture néoclassique, héritier de Poussin et de l'esthétique gréco-romaine. Son engagement politique sous la Révolution et son admiration pour Napoléon lui vaudront un exil définitif à Bruxelles sous la Restauration.

p. 11, 200, 201 [*Sacre de l'empereur Napoléon et couronnement de l'impératrice Joséphine à Notre-Dame, le 2 décembre 1804*], 258.

DAVID, Pierre-Jean
dit David d'Angers

Après un premier apprentissage à Angers, Pierre-Jean David, dit David d'Angers (1788-1856), poursuit sa formation à Paris auprès d'Augustin Pajou, de Roland et du peintre Louis David. Grand prix de Rome en 1811, il a réalisé de nombreux portraits de personnages illustres, dont Balzac.

p. 12, 180, 242, 246 [*Honoré de Balzac*].

DECAMPS, Alexandre-Gabriel

Peintre d'histoire, de scènes orientalistes et de scènes de genres, mais aussi de tableaux animaliers, Decamps (1803-1860) effectue une belle carrière des années 1820 à 1850.

p. 19, 20, 21, 25, 26, 50, 106, 107 [*Intérieur de cour rustique à Fontainebleau*], 110, 218, 226.

DELACROIX, Eugène

Eugène Delacroix (1798-1863) est l'un des peintres le plus novateur et le plus complexe du XIXe siècle. Sa peinture a connu de nombreuses inflexions, mais est toujours dominée par la puissance des compositions et un sens aigu des couleurs.

p. 10, 11, 12, 15, 19, 20, 21, 22, 27, 108, 110, 111 [*Scène de massacres de Scio: familles grecques attendant la mort ou l'esclavage*], 164, 180, 181 [*Le 28 juillet 1830: la Liberté guidant le peuple*], 184, 185 [*Faust et Méphistophélès*], 198, 199 [*Femmes d'Alger dans leur appartement*], 248.

DERAIN, André

André Derain (1880-1954) est un peintre influencé notamment par Cézanne, l'art primitif et Paul Gauguin, considéré comme l'un des meilleurs représentants du fauvisme.

p. 249, 251 [*Portrait de Balzac*].

DEVÉRIA, Eugène

Eugène Devéria (1805-1865) est un peintre d'histoire remarqué au Salon de 1827 pour *La Naissance d'Henri IV,* qui lui vaudra de nombreuses commandes officielles.

p. 12, 25, 50, 51 [*Jeunes Femmes assises*], 110 [*Naissance d'Henri IV (château de Pau, le 13 décembre 1533)*], 234.

DOU, Gérard

Formé par Rembrandt, Gérard Dou (1613-1675) poursuit l'œuvre du maître à Leyde dans une veine minutieuse et raffinée.

p. 26, 120, 121 [*Le Peseur d'or*].

FALGUIÈRE, Alexandre

Contemporain de Rodin, Alexandre Falguière (1831-1900) est peintre et sculpteur académique.

p. 245 [*Balzac*].

GÉRARD, Jean Ignace Isidore
dit Grandville

Caricaturiste et illustrateur de livres (romans de Balzac, *Fables* de La Fontaine...), il est connu sous le pseudonyme de Granville.

p. 12, 21, 216, 217 [*Voyage pour l'éternité*], 220, 221 [*Les Bacchanales de 1831*].

GÉRICAULT, Théodore

Géricault (1791-1824) marque le Salon de 1819 avec *Le Radeau de la Méduse*, traitant un fait divers à connotation politique (la frégate échoue et les naufragés perpétuent des actes de cannibalisme pour survivre) dans le format de la peinture d'histoire. Par la suite, il sera fasciné par les courses de chevaux en Angleterre, mais aussi par des sujets morbides.

p. 21, 109 [*Le Radeau de la Méduse*], 110.

GIOTTO di Bondone

Giotto di Bondone (1267-1337) a marqué l'histoire de la peinture, transformant le hiératisme des représentations du XIIIe siècle en un naturalisme qui sera amplifié par les peintres de la Renaissance. Ses fresques les plus connues ornent des églises de Padoue et d'Assise.

p. 10, 154, 155 [*Histoire de Joachim: La Rencontre à la Porte Dorée*].

GIRODET DE ROUSSY-TRIOSON,
Anne-Louis

Élève de David, Girodet (1767-1824) affirme son style au point de dépasser le maître en 1810, puisque sa dramatique *Scène du déluge* emporte le concours des prix décennaux devant *L'Intervention des Sabines* de David.

p. 42, 43 [*Apothéose des héros français morts pour la patrie pendant la guerre de la Liberté*], 48, 49 [*Portrait de Chateaubriand*], 95 [*Hippocrate refusant les présents d'Artaxerxès*], 142, 143 [*Révolte du Caire le 21 octobre 1798*], 194, 195 [*Atala au tombeau, dit aussi Funérailles d'Atala*].

GOSSAERT, Jan dit Mabuse

Actif à Anvers à partir de 1503, Jan Gossaert (1478-1532) est un peintre maniériste qui campe généralement ses sujets sur un fond d'architectures antiques, découvertes à Rome.

p. 124, 125 [*Le Péché originel*].

GREUZE, Jean-Baptiste

La production de Greuze (1725-1805) se partage entre une peinture d'histoire théâtralisée, des portraits et des tableaux moralisateurs comme *La Cruche cassée* évoquant la perte de la virginité.

p. 18, 162, 163 [*La Cruche cassée*], 210, 211 [*L'Accordée de village*].

GUILLON-LETHIÈRE, Guillaume

Fils du procureur du roi en Guadeloupe et d'une esclave affranchie, Lethière (1760-1832) fit une brillante carrière et dirigea pendant dix ans l'Académie de France à Rome. S'il représentait essentiellement des sujets antiques, il a aussi réalisé pour la nouvelle république d'Haïti le célèbre *Serment des ancêtres*, véritable plaidoyer contre l'esclavage.

p. 54, 55 [*Brutus condamnant ses fils à mort*].

HÉBERT, Pierre-Eugène-Émile

Pierre-Eugène Émile Hébert (1828-1893) est un sculpteur français ayant réalisé de nombreux bronzes. Il fait sensation au Salon de 1859 avec *Forever ! Never !*, représentant un cadavre décharné emportant une jeune femme, sculpture longuement commentée par Baudelaire.

p. 232, 243 [*Balzac, buste monumental*].

HOLBEIN [le Jeune], Hans

Fils d'Hans Holbein l'Ancien, Hans Holbein le Jeune (1497-1543) est proche des milieux humanistes et d'Érasme. Celui-ci le recommande à Thomas More à Londres lorsque Holbein fuit la Réforme. Il y réalisera ses chefs-d'œuvre, notamment *Les Ambassadeurs* en 1533.

p. 64, 65 [*Portrait d'Elizabeth Widmerpole*], 162, 204.

HUARD, Charles

Charles Huard (1874-1965) est un peintre, graveur et illustrateur français. Il a illustré en 1910 l'édition Conard des œuvres complètes de Balzac.

p. 24 [*Mme Cibot, Élie Magus et Remonencq dans « Le Cousin Pons »*].

INGRES, Jean Auguste Dominique

Ingres (1780-1867) est un peintre néoclassique élève de David et marqué par les cinq années qu'il passe à Rome en tant que pensionnaire de la Villa Médicis. Il démontre sa maîtrise du dessin dans les corps nus de *La Grande Odalisque* ou du *Bain turc*.

p. 20, 21, 22, 27, 44, 45 [*Portrait de madame Aymon, dite la Belle Zélie*], 66, 67 [*Le Vœu de Louis XIII*], 82, 108, 110.

JEANNENEY, Paul

Paul Jeanneney (1861-1920) est un céramiste strasbourgeois. Très influencé par les grès asiatiques, il crée des formes d'une grande simplicité tandis qu'il collabore avec Rodin pour des pièces sculpturales, comme la statue de Jean d'Aire ou la tête de Balzac.

p. 247 [*Tête de Balzac*].

LEPÈRE, Auguste Louis

Graveur renommé, Auguste Louis Lepère (1849-1918) crée la revue *L'Estampe originale*. Il s'est illustré également par ses peintures à différents Salons.

p. 236 [*Portrait d'Honoré de Balzac jeune, d'après Achille Devéria*].

LUINI, Bernadino

Élève de Léonard de Vinci, Bernardino Luini (1481-1532) ne réussira pas à se défaire du style de son maître, ce qui a parfois entraîné des confusions lors de l'attribution de ses œuvres.

p. 12, 53 [*Salomé*], 178.

MALLET, Jean-Baptiste

Peintre de genre, Jean-Baptiste Mallet (1759-1835) s'est illustré dans la peinture de style troubadour et les œuvres galantes.

p. 16 [*Bacchante dans un paysage*], 17.

MARQUET, Albert

Albert Marquet (1875-1947) garde de sa période fauve le sens de la couleur qu'il adoucit dans ses tableaux dépeignant des ports et bords de mer, la vie parisienne ou des nus.

p. 250 [*Portrait de Balzac*].

MASSON, André

Proche de Paul Éluard et de Georges Bataille, André Masson (1896-1987) a participé au mouvement surréaliste.

p. 249 [*Portrait de Balzac commandé pour la couverture de « L'Élixir de longue vie, El Verdugo, Les Proscrits »*].

MIERIS [l'Ancien], Frans

Mieris (1635-1681) s'inscrit dans la tradition des « peintres minutieux » du nord, tels Gérard Dou ou Gabriel Metsu, qui rendent les détails et les matières avec un grand réalisme.

p. 17, 60, 61 [*Jeune Femme devant le miroir*].

MONNIER, Henry

Henry Monnier (1799-1877) est mime, acteur, écrivain et caricaturiste.

MURILLO, Bartolomé Esteban

Murillo (1617/1618-1682) est le peintre le plus connu de Séville – ville qu'il n'a pas quittée –, contemporain de Velázquez et de Zurbarán. Il a donné ses lettres de noblesse aux scènes de genre qu'il dépeint avec réalisme et humanisme.

NATOIRE, Charles-Joseph

La trajectoire de Natoire (1700-1777) semblait tracée d'avance : Premier Grand Prix de Rome en 1721, des commandes royales pour Versailles, Fontainebleau, le château de Marly, la Bibliothèque royale... mais sa nomination en 1751 à la tête de la Villa Médicis à Rome l'éloigne du pouvoir au profit de Carle Van Loo puis de Boucher. Il cessera de peintre aussi bien ses grandes compositions historiques que ses scènes mythologiques traitées avec beaucoup de sensualité.

ORCAGNA, Andrea

Peintre, sculpteur, orfèvre et architecte, Andrea Orcagna (1308-1368) était l'élève d'Andrea Pisano et de Giotto. Il est connu pour ses fresques à Florence et pour le tabernacle d'Orsanmichele, sculpté avec un grand raffinement.

PICASSO, Pablo

Artiste majeur du XXe siècle, Picasso (1881-1973) a illustré plus de 150 ouvrages, dont *Le Chef-d'œuvre inconnu* de Balzac avec 13 gravures.

PIOLA [l'Ancien], Domenico

Peintre génois, Domenico Piola (1627-1703) s'est consacré, avec son atelier, à de grands cycles décoratifs.

PORTA [della], Baccio dit Fra Bartolomeo

Baccio della Porta (1472-1517) entre dans les ordres au couvent dominicain de San Marco à Florence sous le nom de Fra Bartolomeo, transporté par les prêches de Savonarole. Il peindra ensuite presque exclusivement des tableaux religieux, tiraillé entre l'exemple du Pérugin et la manière de Léonard de Vinci. Dans *Le Cousin Pons*, Balzac le nomme « Bartolomeo della Porta ».

POTTER, Paulus

Paulus Potter (1625-1654) aura une courte carrière de peintre animalier à Amsterdam. Il s'est particulièrement intéressé aux bovins.

POUSSIN, Nicolas

Poussin (1594-1665) est une figure majeure du classicisme français. Il partage sa carrière entre la France de Louis XIII et l'Italie (plus particulièrement Rome où il sera enterré). Il inscrit ses scènes historiques ou mythologiques dans des compositions très structurées et solides, participant du récit qu'il développe.

REDOUTÉ, Pierre-Joseph

Redouté (1759-1840) est un peintre botaniste célèbre pour ses roses.

REMBRANDT

Plus grand représentant du siècle d'or hollandais, Rembrandt Harmenszoon van Rijn (1606-1669), est un maître du clair-obscur qu'il met à l'œuvre dans ses scènes bibliques et historiques et dans ses portraits (et plus particulièrement dans la centaine d'autoportraits répertoriés). Parallèlement à sa production picturale, Rembrandt s'est également intéressé à la gravure.

RENI, Guido

Guido Reni (1575-1642) – le Guide –, est un représentant de l'école de Bologne, marqué par Raphaël tout en ayant intégré les leçons des Carrache, qui prônaient le retour au naturel en opposition à l'abstraction maniériste.

ROBERT, Léopold

Originaire de Neuchâtel, en Suisse,
Léopold Robert (1794-1835) impressionna
ses contemporains au Salon de 1831
avec *L'Arrivée des moissonneurs dans les marais
Pontins*, aux accents romantiques.
La beauté farouche des personnages contribua
à sa diffusion massive par le biais de la gravure.
Malgré ce succès, cet élève de David
se suicida quelques années plus tard avant
que son œuvre ne tombe dans l'oubli.

p. 76, 77 [*L'Arrivée des moissonneurs
dans les marais Pontins*].

RODIN, Auguste

Auguste Rodin (1840-1917) a révolutionné
la sculpture par la liberté d'inspiration,
le rendu du mouvement, l'expressivité
des formes et l'émotion capturée dans le plâtre
ou sous le ciseau du sculpteur. Ses œuvres
les plus célèbres sont *Le Baiser, La Porte
de l'Enfer, Le Penseur, Les Bourgeois de Calais*
et bien sûr le portrait en pied de Balzac.

p. 232, 245, 246 [*Honoré de Balzac*], 247, 254,
255 [*Monument à Honoré de Balzac*].

ROSA, Salvator

Peintre napolitain, Salvator Rosa (1615-1673)
travaille à Rome où il est très apprécié pour
ses tableaux de paysage.

p. 196, 197 [*Bataille héroïque*].

RUBENS, Pierre Paul

Peintre et diplomate flamand, Rubens (1577-1640)
s'approprie la fougue des couleurs de Titien,
ce qui amènera Delacroix à le qualifier
d'« Homère de la peinture ». Il travaille pour
la plupart des grandes cours d'Europe.

p. 17, 18, 26, 82, 88, 164, 165 [*Hélène Fourment
enfilant un gant*], 178, 179 [*Le Combat des
Amazones*], 186, 204, 210, 214.

SANTI

Architecte peu connu qui a aménagé la maison
de Balzac de la rue Fortunée.

p. 13 [*Vues de l'appartement de Balzac,
rue Fortunée*].

SANZIO OU SANTI, Raffaello dit Raphaël

Raffaello Sanzio ou Santi, dit Raphaël
(1483-1520), formé par Le Pérugin à Pérouse,
influencé par Léonard de Vinci et Michel-Ange
à Florence, est consacré à Rome en travaillant
pour la papauté. Il meurt à 37 ans après avoir
exécuté *La Transfiguration*.
Pour Balzac, « Ni Titien, ni Rubens, ni Tintoret,
ni Velázquez, nul pinceau ne peut approcher
d'une perfection semblable ».

p. 11, 15, 20, 24, 26, 40, 41 [*La Transfiguration*],
56, 57, 114, 116, 117 [*Portrait de la Fornarina*],
128, 129 [*Vierge à la chaise*], 130,
131 [*Portrait de Maddalena Doni*], 132, 133
[*Sainte Cécile entourée de saint Paul, saint Jean,
saint Augustin et sainte Marie Madeleine*],
136, 138, 140 [*La Vierge de Foligno*], 156, 157
[*La Vision d'Ézéchiel*], 158 [*Portrait de Léon X
avec le Cardinal Luigi de Rossi et Guido de
Médicis*], 159 [*Le Mariage de la Vierge*],
166, 168, 170, 172, 186, 187 [*La Madone Sixtine*],
204, 210, 226, 258, 262, 263, 276.

SARTO [del], Andrea

Les œuvres du peintre maniériste Andrea
del Sarto (1486-1531) conservent le souvenir
du *sfumato* de Léonard de Vinci et des corps
monumentaux de Michel-Ange, tout en laissant
émerger la psychologie des personnages.

p. 84, 172, 175 [*La Vierge, l'Enfant Jésus, sainte
Élisabeth et le petit saint Jean*]

SCHEFFER, Ary

La peinture lisse et sensible d'Ary Scheffer
(1795-1858) illustre des sujets souvent inspirés
de la littérature.

p. 14, 198, 199 [*Marguerite à la fontaine*].

SIMON, François Pascal, baron Gérard

Peintre d'histoire sous la Révolution,
François Pascal Simon (1770-1837)
devient l'un des plus célèbres portraitistes
sous l'Empire. Il devient baron en 1819.

p. 12, 104, 105 [*Daphnis et Chloé*].

TENIERS, David dit le Jeune

Influencé par Rubens et Brueghel, le peintre
flamand David Teniers (1610-1690) excelle
dans les scènes paysannes gorgées de lumières
et émaillées de détails pittoresques.

p. 62, 63 [*Fête villageoise avec couple
aristocratique*].

TITIEN

Formé dans l'atelier des Bellini et influencé
par Giorgione avec lequel il travaille,
Tiziano Vecellio ou Titien (1490-1576) est
rapidement sollicité par tous les princes
et rois d'Europe. Sa peinture marie la subtilité
du dessin à la profondeur des glacis.

p. 23, 25, 82, 88, 89 [*Vénus et Cupidon*],
96, 97 [*La Présentation de la Vierge au Temple*],
98, 99 [*Pentecôte*], 116, 136,

VERNET, Carle

Carle Vernet (1758-1836), fils de Joseph Vernet,
est connu pour ses tableaux de genre
et ses peintures de chevaux.

VERNET, Horace

Fils de Carle Vernet, Horace (1789-1863) s'est
illustré par ses scènes de batailles et ses sujets
orientaux. Directeur de l'Académie de France
à Rome de 1829 à 1834, il reçoit la médaille
d'honneur à l'Exposition universelle en 1855.

VINCI [de], Léonard

La fascination exercée par Léonard de Vinci
(1452-1519) n'a pas faibli depuis la Renaissance.
Peintre, inventeur, sculpteur, architecte,
poète... il symbolise cet esprit humaniste
et ouvert sur le monde avide de connaissances
et de découvertes. L'histoire retiendra,
entre autres, sa célèbre technique du *sfumato*
et le sourire énigmatique de la *Joconde*.

ZAMPIERI, Domenico
dit Le Dominiquin

Formé à l'Académie des *Incamminati,* fondée
par les Carrache à Bologne, Le Dominiquin
(1581-1641) reste influencé par Raphaël,
notamment pour les visages idéaux de ses
saintes ou de ses figures mythologiques.

Index des œuvres citées

Les extraits de *La Comédie humaine* reproduits dans ce livre proviennent de l'édition Furnes de 1855. Ils sont consultables en accès libre à l'adresse suivante : www.v1.paris.fr/musees/balzac/furne/presentation.htm

Correspondance générale : édition de Roger Pierrot, Classiques Garnier, cinq tomes (1960 à 1969). Édition de Roger Pierrot & Hervé Yvon – Gallimard, bibliothèque de la Pléiade, *Correspondance I*, 2006, *Correspondance II*, 2011.

Lettres à Mme Hanska : édition de Roger Pierrot, édition Bouquins publiée par Robert Laffont, 1990, deux volumes.

Œuvres diverses : Édition de Roland Chollet & René Guise sous la direction de Pierre-Georges Castex, Gallimard, bibliothèque de la Pléiade, *Œuvres diverses I*, 1990. *Œuvres diverses II*, 1996.

CRÉDITS PHOTOGRAPHIQUES

Éditrice
Stéphanie Pioda

Directeur artistique
Bernard Borel

Création graphique
Aurore Jannin

Iconographie
Florelle Guillaume

Secrétaire d'édition
Malika Bauwens

Une publication de TTM Editions, Paris, 2012
Photogravure : Litho Art New, Turin
Achevé d'imprimé à Singapour par Imago Publishing Ltd
Dépôt légal : mai 2012
ISBN 978-2-84278-877-3